RESEARCH ON CHINA'S STRATEGIC TRADE POLICY

—— Based on the Perspective of Economic Structures' Dynamic Transformation

河南大学经济学学术文库

中国战略性贸易政策研究
—— 基于经济结构动态转型的视角

曹玉平　著

社会科学文献出版社
SOCIAL SCIENCES ACADEMIC PRESS (CHINA)

　　河南大学经济学科自 1927 年诞生以来，至今已有近 90 年的历史了。一代一代的经济学人在此耕耘、收获。中共早期领导人之一的罗章龙、著名经济学家关梦觉等都在此留下了足迹。

　　新中国成立前夕，曾留学日本的著名老一辈《资本论》研究专家周守正教授从香港辗转来到河南大学，成为新中国河南大学经济学科发展的奠基人。1978 年我国恢复研究生培养制度以后，周先生率先在政治经济学专业招收、培养硕士研究生，并于 1981 年获得首批该专业的硕士学位授予权。1979 年，河南大学成立了全国第一个专门的《资本论》研究室。1985 年以后，又组建了河南大学历史上的第一个经济研究所，相继恢复和组建了财经系、经济系、贸易系和改革与发展研究院，并在此基础上成立了经济学院。目前，学院已发展成拥有 6 个本科专业、3 个一级学科及 18 个二级学科硕士学位授权点、1 个一级学科及 12 个二级学科博士学位授权点、2 个博士后流动站、2 个一级省重点学科点、3000 多名师生规模的教学研究机构。30 多年中，河南大学经济学院培养了大批本科生和硕士、博士研究生，并且为政府、企业和社会培训了大批专门人才。他们分布在全国各地，服务于大学、企业、政府等各种各样的机构，为国家的经济发展、社会进步、学术繁荣做出了或正在做出自己的贡献，其中也不乏造诣颇深的经济学家。

　　在培养和输出大量人才的同时，河南大学经济学科自身也造就了一支日益成熟、规模超过 120 人的学术队伍。近年来，60 岁左右的老一代学术带头人以其功力、洞察力、影响力，正发挥着越来越大的引领和示范作用；一批 50 岁左右的学者凭借其扎实的学术功底和丰厚的知识积累，已进入著述的高峰期；一批 40 岁左右的学者以其良好的现代经济学素养，开始脱颖而出，显现领导学术潮流的志向和实力；更有一大批 30 岁左右受过系统经济学教育的年轻人正蓄势待发，不少已崭露头角，初步展现了河南大学经济学科的巨大潜力和光辉未来。

我们有理由相信河南大学经济学科的明天会更好，经过数年的积累和凝练，它已拥有了支撑自己持续前进的内生动力。这种内生动力的源泉有二：一是确立了崇尚学术、尊重学人、多元发展、合作共赢的理念，营造了良好的学术氛围；二是形成了问题导向、服务社会的学术研究新方法，并据此与政府部门共建了中原发展研究院这一智库型研究平台，获批了新型城镇化与中原经济区建设河南省协同创新中心。学术研究越来越得到社会的认同和支持，也对社会进步产生了越来越大的影响力和推动力。

河南大学经济学科组织出版相关学术著作始自世纪交替的 2000 年前后，时任经济学院院长许兴亚教授主持编辑出版了数十本学术专著，在国内学术界产生了一定的影响，也对河南大学经济学科的发展起到了促进作用。

为了进一步展示河南大学经济学院经济学科各层次、各领域学者的研究成果，更为了能够使这些成果与更多的读者见面，以便有机会得到读者尤其是同行专家的批评，促进河南大学经济学学术研究水平的不断提升，为繁荣和发展中国的经济学理论、推动中国经济发展和社会进步做出更多的贡献，我们从 2004 年开始组织出版"河南大学经济学学术文库"。每年选择若干种河南大学经济学院在编教师的精品著述资助出版，也选入少量国内外访问学者、客座教授及在站博士后研究人员的相关著述。该文库分批分年度连续出版，至今已持续 10 年之久，出版著作总数多达几十种。

感谢曾任社会科学文献出版社总编辑的邹东涛教授，是他对经济学学术事业满腔热情的支持和高效率工作，使本套丛书的出版计划得以尽快达成并付诸实施，也感谢社会科学文献出版社具体组织编辑这套丛书的相关负责人及各位编辑为本丛书的出版付出的辛劳。还要感谢曾经具体负责组织和仍在组织本丛书著作遴选和出版联络工作的时任河南大学经济学院副院长刘东勋教授和现任副院长高保中教授，他们以严谨的科学精神和不辞劳苦的工作，回报了同志们对他们的信任。最后，要感谢现任河南大学经济学院院长宋丙涛教授，他崇尚学术的精神和对河南大学经济学术事业的执着，以及对我本人的信任，使得"河南大学经济学学术文库"得以继续编撰出版。

　　分年度出版"河南大学经济学学术文库"，虽然在十几年的实践中积累了一些经验，但由于学科不断横向拓展、学术前沿不断延伸，加之队伍不断扩大、情况日益复杂，如何公平和科学地选择著述品种，从而保证著述的质量，需要在实践中不断探索。此外，由于选编机制的不完善和作者水平的限制，选入丛书的著述难免会存在种种问题，恳请广大读者及同行专家批评指正。

耿明斋

　　2004 年 10 月 5 日第一稿，2007 年 12 月 10 日修订稿，2014 年 6 月 21 日第三次修订

摘　要

　　改革开放近40年来，我国主要通过高投入高产出的粗放型增长方式在经济发展上取得了巨大的成就。但展望未来，在资源短缺和环境恶化的约束下，这种经济发展方式将难以为继。此外，我国在劳动密集型产业上的比较优势正在慢慢被印度、越南等劳动力价格更加低廉的国家所取代；而我国在技术创新、高新技术产业发展上尚未建立起明显的竞争优势。如果不能改变这种局面，实现产业结构的优化升级，我国将陷入比较优势"青黄不接"的两难境地。鉴于此，建立创新型国家，转变经济发展方式，推动经济结构动态转型就成为我国经济实现可持续发展迫在眉睫的选择。

　　关于产业结构改善和比较优势升级有两种理论：比较优势经济发展战略理论和战略性贸易政策理论。两种理论及其政策含义都抓住了现实世界的某些重要方面，因此具有重要的理论价值和现实意义，但二者也都有需要进一步完善之处。比较优势经济发展战略尊重经济发展规律，理论论证严谨且有较多的跨国证据，但在现实中可能会遇到比较优势陷阱、"荷兰病"、悲惨增长等问题。如果能在比较优势经济发展战略中加入适宜的战略性贸易（产业）政策安排，将能较好地解决这些问题，所以在比较优势经济发展战略的基础上引入战略性贸易（产业）政策会使这一理论更加完善；此外，战略性贸易（产业）政策强调了国家政策对帮助企业获取国际竞争策略优势的重要作用，这符合现实中的很多情况，但如果缺乏要素禀赋的基础积累，也将只是一种空谈，因此战略性贸易（产业）政策理论中也需要引入比较优势经济发展战略理论，以弥补其不足之处。所以，比较优势经济发展战略和战略性贸易（产业）政策理论恰好可以优劣互补，形成一个更加完善的经济发展理论框架。本书以此为切入点，在借鉴肇始于发达国家的战略性贸易（产业）政策理论的基础上，根据发展中国家与发达国家在经济发展目标和客观约束条件上的差异，对适用于发展中国家国情和需要的战略性贸易（产业）政策进行了较为系统的研究。

本书采用数理建模、理论分析、实地调研、计量实证和案例研究等方法，在比较优势经济发展战略的理论框架下，系统研究了战略性贸易（产业）政策在技术创新、产业发展和贸易结构升级等经济结构动态转型重要阶段起到的关键作用。本书的主要研究内容和创新点如下。①根据发展中国家的国情差异，通过将战略性贸易（产业）政策与技术创新、技术扩散、产业发展和贸易结构优化相结合，对适用于发展中国家国情和需要的战略性贸易（产业）政策进行了较为系统的研究，构建了基于比较优势升级的战略性贸易（产业）政策理论框架。②定量研究了政府战略性研发补贴对制造业技术创新的实际促进作用，并对影响制造业技术创新的因素进行了进一步实证研究。③根据高新技术产业具有的规模经济、不完全竞争和外部经济特征，着重研究了战略性贸易（产业）政策在高新技术产业各成长阶段（技术创新、产业转化、产业集中）的重要作用；指出从要素禀赋结构提升到产业结构升级再到贸易结构改善，前者都只是后者的必要条件，而非充分条件。战略性贸易（产业）政策可以帮助一国在国际贸易市场上赢得先动优势，从而实现比较优势的顺利升级。④总结了日本、美国和法国实施战略性贸易（产业）政策的经验教训，以为我国提供可资借鉴的原则；探讨了战略性贸易（产业）政策手段更加广泛的表现形式（如研发补贴、知识产权保护、官产学联合研究、产业集中度的选择和占领国际技术标准等）对加快技术创新、吸收技术溢出、抓住国际研发合作机遇、发展高新技术产业、改善贸易结构和实现比较优势升级的推动作用。⑤总结了发展中国家基于技术创新、产业发展的战略性贸易（产业）政策在实施目的、实施手段、政策博弈结局和政策制定策略原则上与发达国家基于利润转移的战略性贸易（产业）政策的不同。

本书的主要结论如下。①我国要根据自身不同于发达国家的发展目标和约束条件以及各类产业的不同成长阶段，对战略性贸易（产业）政策的实施目的、实施手段和策略原则等进行区分，以利用战略性贸易（产业）政策为我国产业发展和国际竞争创造有利的战略环境。②我国的战略性研发补贴政策要大力支持那些具有公共产品性质、溢出效应大的研发项目，特别是产业发展亟须的共性基础技术研究，以避免基础研究的"公地悲剧"。此外，官产学联合开展基础研究是一种很好的组织模式，值得推广。在此基础上，应该为技术扩散提供良好的条件，充分发挥技术创新的外溢效应。③要利用战略性贸易（产业）政策手段使发达国家向我国的技术扩散实现最大化。我国可以根据技术引进需要和技术引进渠道选择适宜的战略性贸易（产业）政策，从而购买到想要的技术，使技术通过最优的渠道进行扩散以及实现与先进技术载体的研发合作。这里，战略性贸易（产业）政策可能表现为知识产权保护力度选择，促进国际研发合作的政策和技术引进指导等形式。④我国应该逐步消除地方行政保护，形成全国统一的竞争市场，提高产业集中度，充分利用竞争效率和规模经济效率，提高产业国际竞争力。⑤对于发展较为成熟、具有一定国际竞争优势的产业，我国要选择好利用战略性贸易（产业）政策的领域、时机和力度，为本国产业获取先动优势、积累规模经济、占领国际市场创造良好条件，以形成于己有利的分工格局，从而改善贸易结构。

关键词： 战略性贸易（产业）政策　经济结构动态转型　高新技术产业发展　贸易结构改善

Abstract

China has made tremendous achievements in economic development mainly through extensive growth manner after reform and opening up for three decades. Looking ahead, under the constraint of resource shortages and environmental degradation, this economic development manner will be unsustainable. In reality, China's comparative advantage in labor-intensive industries are slowly replaced by India, Vietnam and other cheaper labor countries. But China have not yet established a clear competitive advantage in technological innovation and the development of high-tech industries. If China does not change this situation, our country will be plunged into a comparative advantage "lean" dilemma. In view of this, the establishment of an innovation-oriented country, changing the mode of economic development, upgrading China's comparative advantage is imminent choice to achieve sustainable economic development for our country.

There are two theories for industries upgrading and comparative advantage improving: comparative advantage economic development strategy theory and strategic trade policy theory. Both trade theory and its policy implications seize certain important aspects of the real world and therefore has important theoretical value and practical significance. But they both also have some place that need to be improved, and exactly the two can learn from each other to form a more perfect theories of economic development framework. Comparative advantage economic development strategy respect the laws of economic development, have rigorous theoretical arguments and more cross-country evidence, but the reality of comparative advantage trap, "Dutch disease", the tragic growth phenomenon also shows that follow a comparative advantage to develop the economy does not necessarily be able to achieve the upgrading of endowment structure. Even if the upgrading of endowment structure has been achieved, this is only the necessary but not sufficient conditions for the improving of industrial and trade structure. The smoothy realization of the process also need a perfect market as a support, and enterprises should dominate first-mover advantage. In this process, to achieve the upgrading from the previous stage to back stage, in addition to complying with the laws of the market, government policy collaboration is also necessary, and many of these policies with the nature of strategic trade policy, so the comparative advantage economic development strategy theory will become more perfect with the introduction of the strategic trade policy theory. In addition, the strategic trade policy emphasizes the important role of government policies on getting international competitive advantage. This is in line with the reality in many cases, but it still needs the factor endowments basis. A country lack of factor endowment is difficult to win first-mover advantage in international competition, even if with government's perfect policy. So strategic trade policy theory also requires the introduction of comparative advantage economic development strategy theory in order to compensate for its inadequacies. Seen from the above, the comparative advantage economic development strategy and strategic trade policy theory exactly can be complementary, forming a more perfect theory of economic development framework, this is the main line of this article.

Under the framework of comparative advantage economic development strategy theory, the dissertation systematically studies the strategic trade policy's key role on the critical stages (technological innovation, industrial development and trade structural upgrading) of comparative advantage upgrading. The main research and innovation are as follows.

(1) In view of technological innovation's core position in production factor endowments, theoretically, the dissertation combines the strategic trade policy theory with endogenous growth theory from the external economic theory perspective, and construct a theoretical strategic trade policy model based on technological innovation, laid a theoretical foundation for using strategic trade policy to upgrade China's comparative advantages. According to high-tech industries' economic

5

characteristics of scale economy, imperfect competition and external economy, but also focuses on strategic trade policy's important role on the high-tech industry's development stage.

(2) On empirical, the dissertation does quantitative study of the strategic R&D subsidies' actual role on the manufacturing industries' technology innovation and its influencing factors.

(3) At last, it give some policy recommendations. Firstly, I reviews and summarizes the lessons and experiences from implementation of the strategic trade policy in Japan, United States and France, provide a reference for the use of strategic trade policy in China. Secondly, our country should break the traditional strategic trade policy instruments, and explore strategic trade policies' (often in the form of industrial policy, such as R&D subsidies, intellectual property protection, government、industry and academia joint study, the choice of the degree of industrial concentration and occupation of the international technical standards, etc.) strategic role on nurturing the enterprises' innovation ability, absorbing technology diffusion, developing high-tech industry, improving trade structure and upgrading comparative advantage.

(4) The dissertation summarizes the lessons learned from implementation of the strategic trade policy in Japan, the United States and France, to provide some implementation principles for our country. And does a research about more extensive form of the strategic trade policy instruments.

(5) Summarizes the differences of strategic trade policy in developing countries and developed countries in the purpose of implementation, means of implementation, the policy game outcome and policy makers' strategic principles.

The main conclusions of this dissertation are as follows.

(1) Due to China's different development goals and constraints from the developed countries, there is different implementation purposes of strategic trade policy, that is to cultivate China's technological innovation capability, industrial development and improve foreign trade structure.

(2) In order to avoid the "tragedy of the commons" of basic research, our strategic R&D policy should support R&D projects with a public goods nature

and large technology spillover effect, especially basic technology research that is needed by industrial development commonly. In addition, the basic research carried out jointly by government, industry and academia is a good organizational model and is worthy of promotion. On this basis, it should provide good conditions for technology diffusion.

(3) China can use strategic trade policy instruments to maximize the technology diffusion from developed countries.

(4) China should gradually eliminate the local administrative protection, and form a unified national competitive market, to increase industrial concentration and take full advantage of competitive efficiency and economies of scale and improve the international competitiveness of industry.

(5) China should choose a good area, timing and intensity of using strategic trade policy, to help domestic enterprises to obtain first-mover advantage, gain economies of scale and create favorable conditions of international market, to form a favorable pattern of labor division, thereby improve the trade structure.

Keywords: Strategic Trade Policy; Economic Structure Dynamic Upgrade; High-Tech Industry Development; Trade Structure Upgrading

目　录

1 引言

经过改革开放近 40 年的发展，中国经济取得了举世瞩目的成就，GDP总量已跃居世界第二位，1978～2008 年我国 GDP 年均实际增长率为 9.8%，而 1978～2007 年世界经济年均增值为 3.0%。2009 年中国出口总额超越德国，成为世界第一。截至 2008 年底，中国累计实际利用外资额达到近 1 万亿美元，批准外商投资企业 50 多万家，世界 500 强企业已有 480 家在华投资。外商直接投资（FDI）为发展中国家之首，居世界第二位；2008 年底外商直接投资额为 19460.3 亿美元，比上年末增加 4177.81 亿美元。中国已占世界各国外汇储备（近 5 万亿美元）的 2/5，是 IMF 储备基金总额的6～7 倍（截至 2009 年 3 月）。

但是在这些辉煌成就的背后，中国在国际劳动分工中仍然处于中低端环节，从事着低附加值产品的生产。从要素禀赋结构来看，中国仍然是一个劳动、资本丰富的国家，而高端的知识技术和人力资本仍然十分缺乏，自主创新能力比较弱；从产业结构来看，中国占主导地位的产业仍然是劳动密集型和部分资本密集型产业，而知识技术密集的高新技术产业还十分落后，国家高新技术产业开发区的经济发展过多地依靠数量扩张，质量还不高。虽然园区内企业实现了集聚，但相当多企业缺乏自主创新能力，还在生产附加值较低的中低端产品、OEM 产品和组装加工产品。难以形成主导特色产业，产业集群优势没有充分发挥。我国出口的高新技术产品的生产方式以加工组装为主，出口增加依赖原材料和零部件的进口，缺乏自主知识产权和自主品牌。

我国现在的对外贸易依存度已达 70%，但从对外贸易结构看，根据商务部 2005 年的统计数据，我国一些劳动密集型产品对国外市场的依赖性很强，如服装和鞋类的出口依存度为 71%，DVD 机为 84%，摩托车为 63%，

1

照相机为 56% ，电冰箱为 47% ，彩电为 46% ，空调为 42% 。我国劳动密集型产品的对外贸易对国际市场的依赖程度呈现增长趋势，这增加了防范对外贸易风险的难度，因此，提高出口产品结构成为优化对外贸易质量的关键。在我国对外贸易中，传统的一般贸易方式与加工贸易相比呈现下降趋势。而加工贸易的迅速发展，对我国外贸依存度的提高具有重要影响。加工贸易已经成为我国第一大贸易方式。目前加工贸易多是产品初级加工，资源性产品和能源性产品的使用数量剧增，进一步加剧了我国国内资源和能源供应的压力。目前，我国进口商品以工业制成品为主，其中资本产品和高新技术产品占据主导地位，这反映出我国产业对国际高新技术和资本品的高度依赖，反映了我国产业科研开发的相对滞后。截至 2005 年我国引进的 5000 多亿元海外直接投资中，技术含量较高的投资不到 40% ，而 60% 以上的其他外资规模小，技术含量低。大多数跨国公司在中国只有工厂，没有研发机构。

以上这些都反映出我国仍然是一个劳动、资本丰富而知识、技术稀缺的国家，我国目前的比较优势仍处在劳动密集型和部分资本密集型产品上，而在知识技术密集型的高新技术产品上仍处于比较劣势。要改变我国在世界经济分工中的不利格局，实现比较优势的动态升级是关键。尤其 2008 年世界经济危机发生以后，各国都提出了庞大的经济刺激计划，其中很重要的一部分就是以科技发展振兴经济，各国在抢占新一轮科技制高点的国际博弈中都表现出极大的热情。在新时期，中国经济发展方式的转变，产业结构升级是至关重要的，我国要真正实现由"中国制造"向"中国创造"的转变，实现七大战略性新兴产业的发展，必须从根本上提升自主创新能力，推进经济结构动态转型。国家"十二五"规划的主题是科学发展，主线是加快经济发展方式的转变，将调整结构作为主攻方向，实现中国经济由低成本驱动向创新驱动的转变，与实现比较优势的动态升级是一致的。

1.1　研究的意义

1.1.1　现实意义

首先，在经济结构调整和发展方式转型的过程中，必定需要我国的产业政策和对外贸易政策做出相应的配合。随着开放程度的提高，我国与世界经济之间的联系日益紧密，这就要求我们在开放经济的背景下思考我国产业和贸易政策的策略相互依存性。经济分析方法由单方面决策最优化向策略性对策依存博弈方法的转变是一个巨大的进步，因为它能更加真实地反映现实世界的情况，从而做出更加合理、更加全面的解释。涉及中国的政策，传统上我们内向型的政策和制定政策的思维方式在开放经济背景下要发生很大的变化。现在全世界都在讨论中国的政策问题，改革开放以前，中国与世界其他国家的联系较少，我们制定政策的环境比较封闭，中国在世界经济中的地位不那么重要，故我们的政策也不会对别国产生多大的影响，别国也不会过多注意。而如今中国实施的很多政策引起了世界其他国家的广泛关注，要面临国际社会的评价，这对我们的政策制定是个很大的挑战，需要我们在制定政策的时候具有策略思维，以充分考虑对手的反应，优化自身的对策举措。此外，在一个国家的市场上往往只存在少数几家大型跨国企业，这使得寡头竞争的市场结构变得更为普遍，适宜博弈分析的环境越来越多。战略性贸易政策是博弈论方法在贸易政策领域的应用研究，因而能帮助我国在开放经济中就贸易政策的实践提供更好的政策指南，因而结合中国的经济现实和发展使命探讨适用于我国的战略性贸易政策，对我国建立创新型国家、转变经济发展方式、更好地借助国际贸易发展本国经济都有重要的现实意义。

其次，在 WTO 针对关税、配额、VER 以及补贴等实行的一系列国际规制下，可以利用的传统战略性贸易政策的手段大大减少、范围大大缩小了，或变得更加隐蔽（如环境壁垒、海关管理壁垒等），但是战略性贸易政策理论的博弈分析方法和战略性贸易政策中得到较少关注的外部经济理论对于研究我国在后危机时代贸易和产业政策的调整，从而实现我国经济结构的调整和发展方式的转型有着重要的意义。这就要求我们在借鉴战略性贸易政策的研究思想的同时，根据中国这一发展中国家的国情对战略性贸易政策在实施目的、实施手段、政策结局和政策制定策略原则上的不同之处进行深入探讨，以研究出适合发展中国家的战略性贸易政策理论，进而为我国的贸易政策实践提供参考。

最后，肇始于发达国家的基于利润转移的战略性贸易政策在理论上和在现实应用中都遭遇了很多困境。在理论上，传统战略性贸易政策的结论对厂商策略变量类型、厂商数目、超额利润的存在性以及稀缺要素的竞用情况是高度敏感的；在现实应用中，战略性贸易政策会由于对方的报复而使博弈双方陷入"囚徒困境"的局面，还需要政府掌握大量的政策实施信息以及贸易政策制定的政治经济学问题。利润转移理论的以上困境，需要拓展战略性贸易政策理论的研究范畴，在借鉴其思想的基础上赋予其全新的研究内容。

1.1.2 理论意义

比较优势理论表明，每个国家在国际分工中必定有属于自身的比较优势，都能从国际贸易中获利。然而，毋庸置疑的是，处于不同产业阶段的国家从国际贸易中获利是不同的，在高端产业或产品生产阶段拥有比较优势的国家，从国际贸易中获利更多。[①] 所以，每个国家都有进行产业升级、提升贸易结构的主观愿望。然而，产品生命周期理论和动态要素禀赋理论告诉我们，产业结构和贸易结构都是内生变量，二者都受制于一国的要素禀赋结构。

关于产业升级和贸易结构改善有两种理论：比较优势经济发展战略理论和战略性贸易政策理论。这两种理论分别源自对贸易起因的两种解释：比较优势经济发展战略理论源于完全竞争的国际贸易理论，而战略性贸易政策理论源于不完全竞争的国际贸易理论。完全竞争的国际贸易理论认为国际贸易源于差异，诸如生产函数、要素禀赋和消费者偏好的国际差异是贸易的起因；而不完全竞争的国际贸易理论认为规模收益递增、不完全竞争和外部经济可以成为贸易的独立起因。贸易政策与贸易纯理论是一脉相承的，两种贸易理论的贸易政策有着截然不同的含义。完全竞争的国际贸易理论认为一国的产业结构和外贸结构是由该国的要素禀赋结构决定的，各国都可以按自身禀赋决定的比较优势从对外贸易中获益，自由贸易政策

[①] 正如刘易斯所说："如果增长的引擎是较发达的国家的工业产品和欠发达的国家的初级产品的出口，那么较发达国家的引擎就比欠发达国家的引擎转动的略微快一些。"（刘易斯，1984）

是各国的占优策略。林毅夫将贸易理论中的比较优势理论创造性地应用到国家经济发展战略领域，提出了比较优势经济发展战略，指出产业结构和贸易结构都是内生变量，提升一国产业结构和贸易结构最根本、最符合经济规律的途径就是升级一国的要素禀赋结构，而提升一国要素禀赋结构的正确途径则是按照该国的比较优势制定经济发展战略。如果不顾一国的要素禀赋现状，而实行以产业结构升级和贸易结构改善为目标的违背比较优势的赶超战略，就会造成资源配置的扭曲，不利于先进要素的积累，整体经济就会由于缺乏自生能力而陷入发展的低效率，最终阻碍产业结构和外贸结构的升级。然而，与比较优势理论相反，新贸易理论认为一国在国际分工格局中的地位是可以创造的，谁占据了先动优势，形成了规模收益，谁就将占领国际贸易的策略优势地位，因此其对应的贸易政策建议便是战略性贸易政策。

两种贸易理论及其政策含义都抓住了现实世界的某些重要方面，因此都具有重要的理论价值和现实意义。但二者也都需要进一步完善之处，而且二者恰好可以相互取长补短，形成一个更加完善的经济发展理论框架。比较优势经济发展战略尊重经济发展规律，理论论证严谨且有较多的跨国经验证据，对那些仅凭主观愿望不顾客观实际的经济发展计划具有很强的警醒作用。但是，在现实中比较优势经济发展战略要能够顺利实现是有条件的，并非如理论论述的那样简单。首先，现实中出现的"荷兰病"①（Dutch Disease）、悲惨增长②（Immiserizing Growth）等经济现象表明遵循

---

① "荷兰病"这一概念最早于1977年出现在《经济学家》中，指荷兰于1959年发现了大面积天然气田后，由于外汇流入引起荷兰盾升值，从而造成其传统制造业部门衰落这一现象。尽管这种病症（资源诅咒、丰裕悖论）一般与一种自然资源的发现联系在一起，但它可能因任何一种造成外汇大量流入的事件诱发，其中包括自然资源价格的急剧上升、外国援助和外国直接投资等。为了避免这种生产要素的大幅度变动造成产业结构出现不合意调整的情况，需要政府利用财政、货币以及产业政策对这些突发事件进行调控，为产业结构的合理化和高度化创造良好的环境。

② 如果一国的经济增长是偏向出口部门（Export-Biased Growth）的、该国的出口供给变动足以影响世界价格（大国假设）、其边际进口倾向较高以及其出口产品在世界市场上需求价格弹性非常低，在以上四个条件下，贸易条件的恶化有可能完全抵消经济增长的利益，这就是所谓的悲惨增长，它其实是"丰产不丰收，谷贱伤农"的国际版本。一般说来，当一个经济体按照要素禀赋优势来发展产业时，这个经济体会由于成本优势较快地扩大经济剩余的规模，因而要素禀赋结构也就升级得快。但是，当出现悲惨增长现象时，经济剩余的积累受阻，要素禀赋结构升级也就难以发生。

比较优势来发展经济也不一定能实现要素禀赋结构的升级。其次，即使实现了要素禀赋结构的升级，也只是产业和贸易结构改善的必要条件而非充分条件，原因有以下两点。

（1）比较优势经济发展战略的成功实现是有条件的，其中之一就是必须有一个完善的市场体制，一方面能够通过价格机制准确反映要素丰裕、稀缺的情况，另一方面通过市场为产业升级提供必要的服务。否则即使一个国家在要素禀赋状况上已经具备了进行产业结构升级的条件，真正的产业升级也不一定会发生。比如我国通过扭曲要素价格方式实施的重工业优先发展的赶超战略，既让我国付出了巨大的代价，也阻碍了产业升级的步伐；再如，我国在某些高新技术产业发展上已经具备了相应的人力资本和知识技术条件，但由于风险投资的缺乏（金融市场不完善）而无法发展。在完善的市场机制没有建成以前，一个选择就是通过政府产业政策来修补市场缺位引起的问题，如制定引导性的政府规划、产业支持政策等，但这仅仅是一种次优的安排，因为在很多实施产业政策的领域，一个完善的市场机制可以做得更好。①

（2）在许多具有不完全竞争、规模收益递增和外部经济特征的领域，如高新技术产业领域，在具备高级要素禀赋比较优势的基础上，还要占据先动优势（first mover advantages），从而率先建立起规模经济效益和干中学效应，形成路径依赖，才能使一国在国际贸易舞台上拥有现实的贸易结构改善，主导高新技术产品的国际贸易市场。在高新技术产业中，最终的比较优势的确立不再是给定的，而是创造出来的，那些第一个建立了高新技术产业的经济体由于拥有了规模经济优势和外部经济利益将在该领域保持比较优势，而很难被其他后来者取代。因此，通过政府与企业的配合获取产业发展的先动优势就变得十分重要。②

---

① 杰弗里·卡林纳认为日本的大部分产业政策只不过是对美国完善发达金融市场和高流动性人力资本市场的一种替代（克鲁格曼，1995）。现实中对产业政策进行较多研究的也大多是市场机制不完善的国家或转型经济体，如以前的日本和当下的中国。

② 若两国的（实物形式衡量的）要素丰裕度非常接近，则两国需求上的较小差别也可能使得贸易模式不符合 H−O 定理的结论（约翰·伊特韦尔，1996）。这似乎暗示，当要素禀赋结构接近时，利用战略性贸易政策获取于己有利的贸易格局的可能性。

在遵循比较优势经济发展战略的前提下，还需要政府政策的适时协作，以避免"比较优势陷阱"①，确保经济结构动态转型的顺利实现。而这其中的许多政府政策都具有战略性贸易政策的性质，所以在比较优势经济发展战略的基础上引入战略性贸易政策会使这一理论更加完善；另外，战略性贸易政策理论强调了政府政策对帮助企业占据先动优势、获取国际竞争优势的重要作用，这符合现实中的很多情况，但必须以要素禀赋基础为前提，一个缺乏要素禀赋基础的国家，即使该国政府的政策配合得再完美也难以赢得国际竞争的先动优势，因此战略性贸易政策理论中也需要引入比较优势经济发展战略理论，以弥补其不足之处。由以上论述可见，比较优势经济发展战略和战略性贸易政策理论恰好可以优劣互补，形成一个更加完善的经济发展理论框架②，本书正是以这一完善的理论框架为主线展开研究的。

①　"比较优势陷阱"这一概念最早由洪银兴（1997）、王佃凯（2002）等中国学者提出，他们认为比较优势理论是静态的，发展中国家如果完全按照自身的比较优势生产并出口初级产品和劳动密集型产品，则在与以技术和资本密集型产品出口为主的发达国家的国际贸易中，虽然能获得利益，但贸易结构不稳定，总是处于国际分工的不利地位，难以实现比较优势升级，从而落入"比较利益陷阱"，故建议用竞争优势战略取代比较优势战略。随后，李辉文（2004）从现代比较优势理论的内在动态性质出发对上述误解进行了学术反驳。本书认真研究了上述争论，十分同意李辉文的研究，但是当考虑到本书提出的"荷兰病"、悲惨增长、不完善市场和先动优势等这些以前未曾得到充分关注的问题时，比较优势的顺利升级会受阻，"比较优势陷阱"就有可能出现，所以本书采用了这一概念，尽管这一概念的最初提出是缺乏理论根据的，但它抓住了现实经济中的一个重要现象。值得一提的是，国外文献里并没有"比较优势陷阱"这一概念，但《新帕尔格雷夫经济学大辞典》（中文版，第2卷，第670页）在对H－O理论进行解释时，提到国家之间要素丰裕度的差异对H－O定理和要素价格均等化定理都很重要。在不存在要素密集度逆转的条件下，两国间要素丰裕度较大时，H－O定理所描述的贸易模式必定成立，但是贸易不一定能带来要素价格的均等化，因为过大的要素丰裕度的差异可能引起完全分工，即一国在某种商品的生产上完全实现专业化。

②　比较优势理论与新贸易理论本来就是互补关系，这从二者的假设前提以及各自解释的现象可以看出来，基于外部规模经济和垄断竞争的那部分新贸易理论模型几乎已经全部纳入了现代比较优势理论的一般均衡框架，可以同时考察要素禀赋结构和规模经济对贸易格局和贸易利益的影响。虽然战略性贸易政策理论源自以寡头垄断为基础的新贸易理论模型，但是本书认为战略性贸易政策的研究思想也是可以与比较优势理论相结合的。

1.2　研究文献综述

1.2.1　国外研究文献综述

传统的以比较优势为基础的国际贸易理论不能较好地解释现实中大量存在的产业内贸易现象，随着产业组织理论分析工具的发展，新贸易理论应运而生。[①] 新贸易理论以不完全竞争市场结构和规模报酬递增为理论前提，补充发展了传统贸易理论，很好地解释了产业内贸易的现象。战略性贸易政策理论是新贸易理论在贸易政策领域的延伸，是新贸易理论的重要组成部分。本质上来讲，战略性贸易政策理论是博弈论和产业组织理论在贸易政策领域的应用研究。由于在完全竞争的市场结构中，每一个经济代理人都是价格接受者，进行的是原子型的竞争，根本不需要考虑其他参与者的反应对自身福利的影响，所以在完全竞争的市场中没有博弈论的用武之地；而在完全垄断的市场结构中，由于只有一个参与者，博弈论只能分析有双方策略对抗环境的情形，故此时博弈论也不适用。只有在寡头垄断和垄断竞争的市场结构中，才存在应用博弈论的策略环境。战略性贸易政策作为新贸易理论的重要组成部分，自然也是以不完全竞争和规模报酬递增为理论前提的，从而应用博弈论的分析方法得出了与传统贸易理论截然相反的贸易政策结论。在战略性贸易政策的许多模型中，当竞争对手不对本国贸易保护行为采取报复措施时，贸易保护对本国福利的提升是有利的；而当竞争对手采取贸易保护行为时，本国也进行贸易保护比自由贸易更有利于提升本国的福利或减少本国的损失。因此，在战略性贸易政策背景下，贸易保护成了每个国家的占优策略，不管别国怎么做，我国进行贸易保护总是最优的，由此使国际贸易陷入"囚徒困境"的局面，这成为一种稳定的均衡，而承诺进行自由贸易的联盟都是不稳定的，因为每一个国

[①] 但认为传统的比较优势理论不能解释产业内贸易现象的观点是错误的。由费尔威（Falvey，1981）创立的新 H－O 理论在传统理论的框架下解释了垂直差异化产品的产业内贸易，所以传统贸易理论与新贸易理论的分野并不在于能否解释产业内贸易和是否坚持报酬递增的假设，而在于对市场结构类型和产品差异化的假定（甘道尔夫，2005）。

家都有偏离自由贸易的动机。然而在传统的以比较优势为基础的贸易理论中，自由贸易才是占优策略，不管其他国家是进行自由贸易，还是实行贸易保护，自由贸易都是一个国家的最好选择，总可以从自由贸易中得益，正如罗宾逊夫人所言："当别人往自己的海港里扔石头时，你没有必要跟着扔。"可见，古典贸易理论对自由贸易的信仰是非常坚定的。但是，从现实的经济现象来看，战略性贸易政策理论对现实世界的分析可能更为贴切。世界各国普遍存在的贸易保护以及 WTO 的存在就有力地说明了这一点，WTO 开展工作的贸易哲学假设肯定不是古典贸易理论的，而是新贸易理论的，否则 WTO 就没有存在的必要。但 WTO 又认为自由贸易是最优的，所以 WTO 存在的使命就是避免世界贸易陷入"囚徒困境"的局面。由此也可以看到，战略性贸易政策理论的前提假设与古典贸易理论相比更加接近真实世界，所以才能比较好地解释现实。国外对战略性贸易政策的研究文献有以下几类。

1. 利润转移理论基本模型

战略性贸易政策理论产生于 20 世纪 80 年代的美国，由利润转移理论和外部经济理论组成。利润转移理论又被称为狭义的战略性贸易政策，它由三个分支构成：战略性出口政策理论、战略性进口政策理论和以进口保护促进出口的理论。

（1）战略性出口政策理论。布兰德和斯潘塞（1983，1985）提出了一国政府用出口补贴或研究开发补贴帮助该国企业在国际竞争市场上占据战略性优势地位的模型。在这一模型中，有两个国家，每个国家各有一个企业，这两个企业向第三国市场出口产品并展开竞争。假定产品不在本国销售，这样一国的福利就等于企业的利润，不用考虑消费者剩余。假定两个企业在第三国市场上展开古诺式博弈。在这样一个模型中，本国政府的补贴可以使本国企业扩大产量的决策变得可置信，一个理性化的补贴可以使本国企业从一个古诺竞争者变成一个斯塔克尔伯格领导者，从而帮助本国企业获得更大的市场份额和更多的利润，如果利润增加大于补贴成本，则本国的福利得到改善。对于这一理论最经典的案例是波音和空中客车之间的博弈。

（2）战略性进口政策理论。该理论也是由布兰德和斯潘塞（1981，

1984）提出的。在这一理论中，博弈在作为进口市场的本国市场展开，外国企业是本国市场的垄断供应者，国内可能存在相竞争的现有企业、潜在进入企业或没有企业。假定国内外市场是分割的，则可以进行价格歧视。战略性进口政策的中心思想是：在不完全竞争条件下，垄断生产者的价格高于边际成本，因而能够赚取垄断利润。每当一个国家进口这类商品时，就等于向外国出口商支付了一笔垄断租金。这样一国政府就可以运用关税从外国垄断者手里抽取其享有的部分垄断利润或租金，从而减少这种垄断租金的向外流失，此时存在三种情况。一是当国内不存在与外国垄断者相竞争的企业时，只要边际收益曲线比需求曲线更陡，本国征收关税后导致的进口品价格上升幅度就会小于关税收入的增加幅度，外国垄断企业吸收了部分关税。这样当本国用关税收入补偿消费者剩余损失以后，本国福利得以改善。二是当国内有潜在进入企业时，则本国对进口品征收关税后，外国垄断企业会保持价格不变，吸收全部关税，以阻止本国潜在企业的进入。三是当本国对进口品征收的关税进一步提高时，可以激励本国潜在的生产者进入外国厂商业已占领的国内市场，打破后者对该市场的垄断局面，这有利于改善本国的福利。当国内有在位企业时，则本国对进口品征收关税后，既可以抽取国外垄断企业的租金，又可以巩固国内在位企业的战略地位。战略性进口政策与最优关税论的区别在于，后者要求征收关税的国家必须是能影响世界市场价格和贸易条件的大国，而战略性进口政策对此无要求，小国亦可。

（3）以进口保护促进出口的理论。克鲁格曼（1984）指出，在寡头垄断市场上和存在规模经济的条件下，对国内市场的保护可以发挥促进出口的作用。以进口保护促进出口的政策被看作对传统幼稚产业理论的发展，但后者假定世界市场是完全竞争的，并且不考虑两国的政策对抗和外国企业的反应，而前者以寡头垄断、市场分割和规模收益递增为理论前提，且从一种战略对抗的角度来解释政府干预的理由。在一个规模经济效应极强的行业，对本国市场的保护可以保证本国厂商在国内市场上的稳固地位，使其获得一种相对于外国企业的规模优势，这种规模优势又可以转化为更低的边际生产成本，而外国企业在本国市场上销售量的下降会导致其边际成本上升。两国企业边际成本的反向变化会引发它们对保护本国以外的其他市场的销量进行调整，本国企业将进一步增加产量，外国企业将进一步减产。这种调整会再次对两国企业的边际成本产生相反的影响，正是这种从产量到边际成本再到产量的循环往复的调整过程使进口保护成为促进出口的机制。

2. 利润转移理论基本模型的扩展

以上战略性贸易政策的基本模型是在一系列极端简化的条件下进行论述的，所以其政策结论对假设前提极为敏感，随后许多学者对战略性贸易政策的基本模型进行了多方面的扩展。Eaton 和 Grossman（1986）考察了在战略性出口政策中如果企业间的战略是互补的（即采用伯特兰价格竞争）而非替代的（采取古诺竞争，此时每个企业的边际收益随其他企业产量的上升而下降），那么最优的贸易干预措施就由出口补贴变为出口税。同样，Helpman 和 Krugman（1989）说明了在战略性进口政策模型中，如果假定企业采取伯特兰方式竞争，关税未必会使本国受益，反而有利于外国。但是在现实中一个企业所选择的战略变量是很难判断的，这就使政策结论变得模糊。Eaton 和 Grossman（1986）还研究了在布兰德和斯潘塞（1985）模型中当本国企业数目大于 1 时，就会存在运用出口补贴来转移利润和施加出口税以改善贸易条件之间的矛盾。只有当本国的企业数目不太大时，出口补贴才是合理的。Dixit 和 Grossman（1986）将布兰德和斯潘塞（1985）战略性出口政策的局部均衡模型扩展到一般均衡，考察了同时存在多个寡头垄断行业的情况，此时若存在一种两个行业都需要但供给缺乏弹性的生产要素（如科学家），那么在运用出口补贴支持一个行业竞争时会打击另一个行业的实力，此时政府需要额外的信息来挑选那些能获得高于平均利润的行业，但此类信息是难以获得的。Gruenspecht（1988）和 Neary（1994）分析了在战略性出口政策模型中筹集财政补贴会给经济带来扭曲从而 1 美元公共基金的机会成本大于 1 的情况，此时出口补贴与企业利润不再是等同的，他们指出只有当公共基金的机会成本不太高时，出口补贴才是合理的，否则最佳政策就应该为出口税而不是补贴。并且当政府采取补贴政策时，本国企业在成本上越具有竞争优势，补贴值相对也就越高。在布兰德和斯潘塞（1985）的模型中，如果考虑外国政府施加报复的情况，博弈的结局会陷入"囚徒困境"。Collie（1991）指出，如果一国预期对手国会进行报复，其利用贸易干预转移租金的动机就会消除。同样的情况在战略性进口政策模型中也会发生，战略双方政府的单边干预会爆发关税战，其结果对谁都不利。战略性贸易政策的基本模型假定企业数目是固定的，但实际上，旨在帮助本国企业获得有利战略地位的措施给现存企业带来的利润提高很可能激励新企业的进入，这一方面造成行业集中度的下降，提高行业的平均成本，进而可能使从利润转移中获得的利益被驱散（Horstmann & Markusen，1986）。假定企业间或政府间只进行一次博弈并不太真实，所以研究多次博弈的情况也是对战略性贸易政策理论的重要扩展。Davidson（1984）考察了在政府采取单一的一次政策行动后，企业之间重复进行多次博弈的情况，他描述了在无限多次博弈中关税怎样使国内外企业以触发战略维持部分勾结的局面。Rotemberg 和 Saloner（1989）则指出在这样的模型中，配额的实施可以大大减弱国内外企业进行勾结的可能性。Collie（1993）考虑了 Brander 和 Spencer（1985）的模型无限多次重复的情况，他发现这可能会导致多种结果的出现，特别是，如果两个国家很相似且贴现率足够低，自由贸易就可能是最佳选择。战略性贸易政策的实施需要政府掌握有关行业成本、需求、企业行为等方面的大量信息，而实际上政府对这些信息的了解程度要小于企业，因此信息不对称对战略性贸易政策模型也会带来很大的改变。Wong（1991）、Brainard 和 Martimort（1992）、Collie 和 Hviid（1993）、Qiu（1994）将信息不对称的问题纳入战略性贸易政策模型中，表明信息不对称下的市场与完全信息市场是截然不同的，此时政府政策起着信号发送的重要作用。

3. 外部经济理论

以上对战略性贸易政策理论中利润转移理论的基本模型和扩展考察进行了综述，从中可以看到战略性贸易政策的结论对前提假定极为敏感，假设的稍加改动都会产生截然相反的结论，然而在现实的政策实施中所需要的判断何种假设是合理的信息往往十分缺乏，这就使得战略性贸易政策理论提出后虽然在理论界引起了很大的反响，但在现实的政策制定中争议多多，让人无所适从。尤其是战略性贸易政策的实施将使国际贸易陷入"囚徒困境"的局面，因此 Avinash Dixit 将战略性贸易政策理论称为新重商主义，这样一种以邻为壑的零和博弈对世界经济的健康、和谐发展是十分不利的。所以一个超主权的国际组织——WTO 的存在就十分必要，因为它可以避免世界经济陷入贸易保护的"囚徒困境"。事实上，在 WTO 针对关税、配额、VER 以及补贴等实行的一系列国际规制下，可以利用的战略性贸易政策的手段大大减少了，目前只有满足一定要求的 R&D 补贴、资本补贴等是合法的，所以现在的大多数战略性贸易政策手段是以产业政策的形式存在（DeCarlo & David，2007）的。战略性贸易政策未来一个很重要的发展方向就是将贸易政策与产业政策相结合进行研究，以探讨作为战略性贸易政策手段的产业政策在国际竞争中的重要作用，这就有必要对战略性贸易政策理论的另一个分支——外部经济理论进行更多的关注。

外部经济理论与利润转移理论一起构成广义的战略性贸易政策。外部经济模型是说某些产业或企业能产生积极的外部经济效应，对一个国家整体经济的增长和技术进步有着重要的正外部性，但这些产业或企业并不能获取相应的溢出利益，不利于整体经济的发展。一般来讲，当外部性存在时，就会出现私人收益与社会收益的偏离，从而使经济代理人的风险与收益不成正比。例如，知识技术密集的高新技术产业的发展对全社会的技术进步和经济增长都会起到巨大的推动作用，但这些高新技术产业或企业在创建过程中会承担巨额的研究与开发费用，承受投资失败的极大风险，而一旦发展起来，他们又无力获取自身创造的全部收益，导致高新技术产业从事研发活动的积极性下降，不利于整体经济的发展。此时政策的扶持（如 R&D 补贴）就显得十分必要，因为这可以促进高新技术产业发展到社会最优状态。Jagdish Bhagwati（2002）指出，如果扭曲存在于内部市场，那么就应该采取以纠正这个扭曲为目标的国内政策（税收或补贴），那么自由贸易还将是最优贸易政策；如果扭曲存在于外部市场，自由贸易便不再是最优贸易政策。外部经济性是一种需要使用国内工具来解决的国内扭曲，关于扭曲的文献表明此时最佳的政策应是国内的产业政策而不是对外的贸易政策，只有当扭曲来自国外时，对外的贸易政策才是最优的。但是产业政策通过扶持国内产业的发展，最终也会对一国的国际贸易竞争力产生影响，所以这些产业政策因而也具有战略性贸易政策的含义。如战略性研发政策（Strategic R&D Policy），因此将产业政策作为战略性贸易政策的手段，运用战略性贸易政策理论的分析方法对产业政策加以研究就显得十分自然。在 WTO 针对关税、配额、VER 以及补贴等实行的一系列国际规制下，传统的以利润转移为目的的战略性贸易政策手段（如进口关税、出口补贴等）已大受限制，当然在新形势下，也出现了一些新的战略性贸易政策手段，如环境壁垒、人权壁垒以及海关管理壁垒等，但总体来讲，现在的大多数战略性贸易政策都以战略性产业政策的形式存在。国外从外部经济理论视角对战略性贸易政策进行研究的文献主要有以下几类。

（1）战略性研究开发政策与技术创新。技术创新包括工艺创新和产品创新。工艺创新是指为了降低生产成本而进行的创新；产品创新是指新产品的开发以及现有产品质量的提升。将战略性贸易政策与技术创新结合进行的研究也主要是从技术创新的这两个方面展开。

第一，战略性 R&D 政策与工艺创新。不管是从政府还是从企业的角度来看，R&D 引致的技术创新都是极为重要的。在许多产业里，研发对企业能否在市场上生存起着至关重要的作用。从政府的角度看，研发行为应得到支持至少有两个原因。第一是公共品动机：研发的公共品性质意味着市场独自提供的少于社会最优水平。第二是利润转移动机：研发政策可获得重要的战略性贸易政策效应，因此可能用于提高本国企业在国际市场中的地位。在战略性贸易政策文献中，Spencer 和 Brander（1983）以及 Neary 和 Leahy（2000）的研究已表明，如果出口补贴不可用，R&D 补贴可能是次优的选择。Bagwell 和 Staiger（1994）进一步总结道，在某些层面上 R&D 补贴是比出口补贴更加稳健的政策建议。与此相关的文献表明，由于利润转移效应，从补贴国来看政策竞争会导致过多研发。

Haaland 和 Kind（2008）拓展了这一分析，直接关注研发补贴对本国消费者剩余的影响以及进行国际政策协调以避免有害的战略性贸易政策的需要，考察了企业的工艺创新行为以及政府通过 R&D 补贴去影响工艺创新的战略性动机。分析表明，产品水平差异化的程度在模型中起着关键作用。如果两种产品是弱替代的，企业间的竞争就不会太激烈，两种产品都会在市场上存在。此时政府研发政策的公共品动机比利润转移动机重要得多，而国际政府间的合作比竞争带来更高的补贴。如果产品是近似替代的，企业间的竞争会很激烈，可能只有一个企业生存下来。此时研发补贴的利润转移动机占支配地位，政府间的国际竞争将比合作导致更高的补贴。当其他因素都相同时，产品的替代性越高政府提供的研发补贴越多。当政府间就补贴进行合作时，利润转移动机消失了，而公共品动机加强了。贸易自由化会激励企业进行更多的研发投资，也促使政府提供更高的研发补贴。自由贸易扩大了市场规模，使企业进行工艺创新变得更加有利可图，也使关心企业利润和消费者剩余的政府有更强的动机去补贴研发活动。在这里，补贴的动机不是为了促进出口本身，而是由于出口市场规模的扩大使得工艺创新变得更加有利可图。

第二，战略性 R&D 政策与产品创新。工艺创新属于价格竞争策略，而随着世界贸易水平的提升，大量产品种类的出现凸显了产品创新的重要性。在这种环境下，使自己的产品具有一种特有的属性，以与其他产品相区分就成了成功的主要决定因素。故而竞争的焦点就转移到了产品研发阶段，所以政府可能有强烈的激励运用战略性 R&D 政策影响本国企业在产品空间中的定位，帮助本国企业赢得竞争优势。与 Haaland 和 Kind（2008）关注工艺创新不同，Park（2001）以及 Zhou、Spence 和 Vertinsky（ZSV）（2002）集中考察了以产品创新为导向的战略性贸易政策。在他们的垂直差异产品模型中存在着外生给定的一个高技术企业和一个低技术企业，这两个企业首先通过 R&D 活动决定产品质量，随后在第三国市场展开古诺或伯川德竞争。Park 和 ZSV 得出了相似的政策建议：如果进行的是伯川德竞争，低技术企业所在国的政府应补贴本国企业的产品创新活动，高技术企业所在国的政府应对本国企业的产品创新活动征税；如果进行的是古诺竞争，结论则刚好相反。此外，Toshimits 和 Jinji（2008）在 Park（2001）和 ZSV（2002）研究的基础上进行了进一步探讨，表明在 Park 和 ZSV 模型中产生的一些结论对他们关于边际成本的假设是敏感的。在 Park 的模型中，假定企业的生产成本是零，ZSV 也假定每单位质量的边际和平均成本是恒定的。Toshimits 和 Jinji 的研究表明如果边际成本是非负的常数，在伯川德竞争下，对每个国家单方面最优的政策在符号上可能与 Park 和 ZSV 的研究相反；对于古诺竞争，低技术国家的政策逆转是可能的。

值得注意的是，若将 R&D 补贴仅看作减少企业生产成本的一种援助，从而使本国企业在与外国企业的博弈中处于更为有利的战略地位，则 R&D 补贴与生产补贴和出口补贴所起的作用相同，只是名称不同而已。此时，战略性 R&D 政策是一种利润转移的工具；但若从 R&D 活动以及技术创新对整个经济具有外部经济效应来看，对战略性 R&D 政策的探讨又是外部经济理论的重要内容。可见，战略性 R&D 政策同时具有这两个作用，而且难以区分，它既是一种利润转移手段，又具有外部经济理论的内涵。但从本质上来讲，战略性 R&D 政策应该主要是为了鼓励有正外部性的技术创新活动多多进行，以发挥乘数效应和溢出效应，促进技术进步和自主创新能力的形成。此外，与理论模型中有时会得出对 R&D 活动征税的战略性政策建议相反，对研发行为征税在现实中是罕见的，这可能是由于研发的溢出效应得到了考虑，因为溢出效应会提高最优补贴率。

因此，将战略性贸易政策与技术创新相结合的研究文献为从外部经济理论视角出发对战略性 R&D 政策进行探讨，并进一步将战略性贸易政策理论与内生增长理论相结合进行研究，论述战略性 R&D 政策在促进技术创新上的作用提供了必要的准备和借鉴。这将把战略性贸易政策理论拓展到一个新的研究领域，也会丰富内生增长理论的政策探讨，这对面临经济发展方式转型的中国而言具有重要的现实意义。

（2）战略性贸易政策与南北技术扩散。实证研究表明，国际经济中普遍存在着南北技术扩散的现象，FDI 和产品贸易都是技术扩散的重要渠道，这为发展中国家在国际经济交往中消化吸收发达国家的先进技术提供了可能。中国作为一个发展中国家，技术水平相对落后，在自主创新能力培育的过程中离不开对国外先进技术的消化吸收，故消化吸收再创新也是我国技术创新的重要内容。但技术扩散不是无条件发生的，不同技术扩散渠道的技术溢出效果也不同。这样，如何战略性地制定政策以使我国更好更快地学习国外先进技术的问题就变得十分重要。因此，很有必要对关于战略性贸易政策和技术扩散的文献进行考察。

第一，FDI 作为技术扩散渠道时的战略性贸易政策。一般认为，发展中国家很少有激励去保护发达国家的专利，因为源于较高价格的静态福利损失不能被来自研发和新产品创新的动态收益所抵消。然而，一旦考虑了 FDI 的技术溢出效应，如果只有在南方选择了适宜的专利保护强度时才会引致北方的 FDI，发展中国家可能从专利保护中获益，因此发展中国家可能战略性地制定专利保护政策以实现吸收发达国家技术溢出的最优效果，此时专利保护期长度的选择就成了南方国家可以采取的一项战略性贸易政策手段。

Vishwasrao，Gupta 和 Benchekroun（2007）在贸易、FDI 和南北技术扩散的背景下，研究了发展中国家最优关税和最优专利保护长度的选择问题。在一个两方动态博弈模型中：南方国家首先做出关于关税率和专利保护长度政策组合的选择以吸引 FDI，从而学习北方的先进技术；随后北方国家根据南方的选择做出自己是出口还是进行 FDI 的反应。南方国家在确保北方会选择 FDI 的情况下通过逆推归纳法求解自己的最优政策组合，以达到消化吸收北方技术的福利最大化效果。南方的最优政策表现为以下两点。其一，发展中国家的模仿能力越强，越倾向于选择高关税率，专利保护期短的政策组合；进口产品在技术上越先进，发展中国家越倾向于选择较低关税、保护期较长的政策组合。其二，当北方企业的技术水平提升时，南方需要增加专利保护长度以吸引 FDI，这可能导致南方的福利下降。这样，在某些情况下，当南方国家面临先进技术与落后技术的选择时，可能会选择后者，因为它只需要较短的专利保护期，这对提高南方福利有益。Vishwasrao，Gupta 和 Benchekroun 的分析表明南方国家也可能有动机去保护国外的专利，因为专利保护在促成技术向南方国家扩散的过程中起着重要作用，事实上专利保护期长度的选择是南方国家可以采取的一种战略性贸易政策手段。

Naghavi（2007）也构建了一个动态博弈模型来分析南北技术扩散问题。出口和 FDI 是北方企业进入南方市场的两种各有优劣的方式：出口可以保护自身的技术溢出，但要承担贸易成本；FDI 可以避免关税成本，但可能面临技术外溢的风险；在南方不同的知识产权水平下，北方利润最大化的经营方式不同。子博弈完美的纳什均衡显示：对南方政府来讲，不管是对低 R&D 密集的产业还是高 R&D 密集的产业，最优的决策都是制定较为严格的知识产权政策，因为只有这样北方才会选择以 FDI 的方式进入南方市场，此时北方的先进技术才能扩散到南方，从而实现南方福利的最大化。

虽然上述两个模型有差异，论证机制也不相同，但结论是一致的：为了达到南方消化吸收北方技术溢出的福利最大化效果，南方的知识产权保护力度与保护对象的技术先进性成正比，而关税率与保护对象的技术先进性成反比。

然而，当 FDI 存在技术溢出效应时，通常认为 FDI 对接收国企业有利，却减少了跨国公司进行 FDI 的激励。不过，Ishikawa 和 Horiuchi（2008）却得出了与上述相反的结论：一个北方企业可能从向南方的技术扩散中获益，故一个北方企业可能有激励战略性地通过 FDI 向南方扩散技术。他们构建了一个市场垂直联系的南北贸易模型来分析这一问题，与前述文献的结论不同，该研究表明南方政府过于严格或过于宽松的知识产权政策都将使南方企业的效率走向极端，从而使北方企业没有进行 FDI 的激励，这对南北的福利最大化都不利。此时，南方政府要想诱使北方企业通过 FDI 向南方企业扩散技术，所要做的就是战略性地制定适中的知识产权保护政策，使 FDI 给北方带来最大利润。因此，南方的知识产权保护政策或贸易政策是在南北利益相互依存的博弈环境中内生决定的。

第二，产品贸易作为技术扩散渠道时的战略性贸易政策。不同于前述文献假定技术扩散的渠道是 FDI，Horiuchi 和 Ishikawa（2009）的另一项研究假定技术扩散是经由中间产品的贸易而发生的，然后在一个寡头垄断模型中分析了关税与技术扩散之间的关系。他们发现最终产品关税的上升将带来关税跳跃的（Tariff-Jumping）技术扩散①：当南方提高最终产品的进口关税时，北方为了弥补由此造成的损失可能有激励向南方出售中间产品，由此带来技术扩散。但是，关税减少也可能带来进入阻止的（Entry-Deterring）技术扩散：当关税降低以后，其他的北方企业可能进入南方市场，这对现有北方企业不利，为了阻止北方潜在企业进入南方市场，现有北方企业可能将其技术扩散给一个潜在的南方进入者。虽然南方企业的进入也会与现有北方企业展开竞争，但此时北方企业的损失较低，因为北方企业从向南方企业的销售中获利了。对南方来讲，为了获得进入阻止的技术扩散，关税并不是必要的，任何能鼓励潜在北方企业进入南方市场的政策都可以达到同样的结果。而且，分析表明进入阻止的技术扩散可比关税跳跃的技术扩散带来更多的福利。所以，Horiuchi 和 Ishikawa 的政策含义是南方应该战略性地制定有利于竞争的政策，以吸引技术扩散。

已有的诸多关于技术扩散的文献要么对技术扩散与经济增长间的关系，要么对技术扩散的传播渠道进行理论建模或实证检验，而并未从追随国的角度出发，探讨如何战略性地制定贸易或产业政策以实现消化吸收外国技术溢出的最佳效果，提高追随国技术创新的能力。将战略性贸易政策与技术扩散相结合进行研究的文献则在这一问题上进行了探讨，使以前的被动接受技术溢出变为主动制定政策以更好地消化吸收技术溢出，提高落后国追赶技术先进国的速度，这对发展中国家来讲具有重要的现实意义。

---

① 在已有的文献中关税与 FDI 之间的关系已经得到了广泛的探讨，一个为人熟知的结论是关税跳跃（Tariff-Jumping）的 FDI，指较高的关税将促使出口企业进行投资。

（3）战略性贸易政策的一种新手段——合作研发。在西方市场经济国家，一直以来反托拉斯法都将一切不利于竞争、有损福利的企业间的联合行为认定为非法的。然而20世纪80年代以来，美国和欧盟调整了关于竞争的法规以使其对研发合作的处理更具灵活性，这一转变是经济和法律专家对私人与社会成本以及研发合作利益进行了透彻分析的结果。因为合作研发将技术溢出内部化，可以共同分担研发成本和风险，避免创新活动的重复投资以及享受资产和技能联合利用的协同效率，这些都会使技术创新的速度更快、成本更低，从而可以帮助企业提高竞争力，以更好地面对来自国外的竞争压力。允许企业进行国内或国际研发合作是放松反托拉斯法的一种表现，这通常被认为有利于提高本国企业相对外国企业的竞争地位。因此，合作研发也成为一种重要的战略性贸易政策工具。

Rutsaert（1994）在一个开放经济中，最先用博弈论方法分析了本国政府在存在国外竞争压力的背景下提升本国企业竞争力的决策问题，以探讨R&D合作作为一种战略性贸易政策工具的有效性。政府关于反托拉斯法允许的研发合作水平有三种选择——禁止任何联合行为、只允许研发合作、允许研发合作以及生产和销售的联合，目的是决定国内企业间合作的最优水平。古诺和伯川德博弈在该文中分别得到了考察，分析表明一个合作研发政策的效率依赖于市场竞争是古诺式的还是伯川德式的，政府的最优战略在于根据市场竞争的性质和产业结构的类型制定研发合作政策。

第一，古诺式竞争中的战略性合作研发政策。前面阐述了合作研发的积极作用，但是合作研发并不必然对整体福利有益，因为合作研发也有负面效应：如果参与合作的企业是来自产品市场上的竞争对手，合作研发投资会减少竞争。在企业进行古诺式竞争的假定下，Motta（1996）的研究表明如果技术溢出的效应足够高，合作研发会产生净的有利影响。Motta在一个三阶段博弈模型中分析了合作研发选择在国际竞争中扮演的战略作用。政府关于合作研发的政策选择有三种：不允许合作研发、允许国内企业合作研发及允许国际合作研发。博弈的纳什均衡表明：允许国内企业进行合作研发类似于给其提供研发补贴，会提高它们相对外国企业的竞争地位。在博弈均衡中，每个国家都会允许企业进行合作研发。与其他贸易政策（如研发补贴）将导致"囚徒困境"的结果相反，当两个国家都允许合作研发时，他们的福利都将提高，造成这一差异的原因在于存在技术溢出。

当结成国际合作研发联盟时，每个国家的福利都会更高。因此，合作研发安排是可以用来提高本国企业国际竞争力的一种战略性贸易政策手段。这可以较好地解释高新技术行业里大量存在的合作研发，以及欧洲、美国和日本政府都鼓励企业进行合作研发的事实。

1984 年美国通过了《国家合作研究法案》（NCRA），放松了关于合作研发的反托拉斯管制，使美国研发领域的合作有了显著增加。Decourcy（2005）基于此背景分析了合作研发对美国企业参与国外竞争的影响。他在一个战略性贸易政策模型中考察了三种不同的合作研发安排：研发卡特尔、联合研究项目以及联合研究项目卡特尔。企业在产品市场上进行古诺式竞争，研发的作用表现为减少生产成本且存在成本减少型的研发溢出。政策博弈在两个政府之间展开，每个政府选择一个特定的合作研发政策最大化本国福利。此外，在研发中允许合作也与使用 R&D 补贴进行了比较。首先，每个国家允许其企业组成国内联合研究项目卡特尔是单独最优的，并且两个国家都允许其企业参与合作研发是联合最优的。这也与当两个国家都实行战略性贸易政策时将导致"囚徒困境"的通常结果不同。将研发合作作为一种战略性贸易政策工具时，不会出现零和博弈的情况，可能改善所有企业的福利。其次，如果研发的溢出效应不太低的话，允许研发合作比使用R&D 补贴更好。最后，战略性贸易政策模型一个被经常提及的批评是，它在进行国民福利分析时往往忽略了消费者的利益，而在合作研发作为一种战略性贸易政策的纳什均衡中，消费者的福利很可能也得到了改善。

第二，伯川德式竞争中的战略性合作研发政策。许多关于开放经济的研究发现，允许国内以及国际的合作研发可以提升福利。与 Decourcy（2005）假设产品市场进行的是古诺式竞争不同，Carlson（2008）分析了当企业进行伯川德式竞争时允许研发合作的福利效应。Carlson 分析了两政府间的政策博弈，在这里政府关于研发合作的选择有三种可能性：不允许任何研发合作（NC）、允许国内合作（DC）以及允许国外合作（IC）。每个政府选择一个特定的合作研发政策以最大化本国福利。研发存在不同程度的溢出效应，合作研发的好处是当企业之间由独立研发变成合作研发联盟时，研发的溢出效应就由部分溢出变为完全溢出。在这个博弈中有两个纳什均衡：（DC，NC）和（NC，DC）。这两个均衡既是单独最优的，也是联合最优的。在每个纳什均衡中，两个政府的福利都达到了最高，但允许研发合作国家的福利要高于不允许研发合作国家的福利，故每个国家都偏爱自己允许研发合作的那个均衡。此外，国际研发合作比没有合作要好，但与政府政策博弈的纳什均衡相比又是次优的。这里的情况不是"囚徒困境"博弈，而是性别战博弈——到底哪个均衡会达到依赖于政府政策承诺的可信性。

不同企业通过合作研发以整合资源、优势互补、形成合力，对于提高一国产业的技术创新速度非常重要，所以合作研发是一种重要的战略性贸易政策工具。发展中国家基于自主创新的战略性贸易政策与旨在进行利润转移的战略性贸易政策之间有着很大的不同，后者处处存在以邻为壑的零和博弈，极易使双方陷入"囚徒困境"的局面；而在前者的情况下，由于发展中国家需要学习发达国家的先进技术，且由于科研活动的正外部性，国家之间有更多合作的可能，能够实现双赢。在高新技术产业发展中，国家之间的竞争非常激烈，但潜在的合作机会也很多，因此抓住重要的战略合作机遇，实现与国外先进技术载体的合作，以加快我国的学习和追赶速度，对于我国技术创新能力的培育和国际竞争力的提升至关重要。

（4）战略性贸易政策与高新技术产业发展。技术创新是高新技术产业发展的前提，但技术创新并不必然带来高新技术产业的发展。高新技术产业中普遍存在的规模经济、外溢效应、路径依赖等特征，使得政府的战略性贸易政策对一国在高新技术产业领域占据先动优势、赢得累积优势发挥着重要的作用。

Konrad Seitz（1992）指出高新技术产业具有一些非传统的经济特征，如高额的固定成本、递增的规模报酬、率先建立产业标准的优势、网络以及反馈效应等，这些新特征使得高新技术产业的进入壁垒较传统产业高出许多。然而，一旦一个公司建立起来，它又会由于上述特征而不断巩固自身的地位，后来者很少有进行市场渗透的机会。这一法则只有两个例外：一是后来者由于采用新技术有效地清除了先行者建立起来的累积优势；二是后来者得到了政府足够力度的资助，如日本的微芯片产业和欧洲的空中客车。在存储器线路、液晶显示器、微处理器和计算机等高新技术产业建立之初，实际上从技术创新能力来看，美国、日本、欧洲并无多大差异，在这三个经济体中可获得的资本和高素质劳动力（科学家、工程师、专业人员）是相同的，但后来的事实是日本占据了存储器线路和液晶显示器的国际市场，美国主导了微处理器和计算机的国际市场，而欧洲在这些领域事实上没有占据主要地位，这都是因为美国和日本在相应的领域借助战略性贸易政策占据了先动优势，而欧洲则没有做到这一点。所以在高新技术产业里，古典的完全竞争模型不再适用。古典理论是一个静态理论，但是我们生活在产业变革中，因而我们需要一个熊彼特式的动态框架。在高新技术产业中，最终的比较优势的确立不再是给定的，而是创造出来的，那些第一个建立了高新技术产业的经济体由于拥有了规模经济优势和外部经济利益将在该领域保持比较优势，而很难被其他后来者取代。因此，解释高新技术产业的国际市场竞争，要将比较优势理论、先动优势理论和战略性贸易政策理论结合起来。

对于政府为何有激励去影响高新技术产业中的技术创新行为，Spencer 和 Brander（1983）的研究表明政府有一个单方面的激励对研发行为进行补贴。在他们的模型中，研发是为了降低生产成本。由于工艺创新与产品创新之间存在差别，所以 Spencer 和 Brander 的模型不能用来解释为什么政府会用政策去影响高新技术产业里的产品创新。Jinji（2003）考察了当两个国家可获得相同技术时，政府关于产品创新的战略性政策如何内生决定企业在产品质量排序中的位置。由于在政府不加干预的市场中存在多重均衡，战略性政策不仅使本国企业获得战略优势，还能帮助本国企业达到自己偏爱的那个均衡。分析结果表明，政府的战略性研发政策是一个根据企业的质量选择而定的补贴列表。如果只有本国政策是积极的，则单方面的政策干预将促使本国企业成为高质量产品的生产者；如果存在两个积极行动的政府，这里就会有两个均衡结果，每个国家都有一个平等的机会成为高质量产品的出口国。Jinji 的模型可以用来解释具有相似技术的国家生产不同质量的产品并相互贸易的现象。在这里，政府政策的战略性干预对于本国企业获得高质量产品的出口地位，占据高新技术产业的竞争优势起着重要的作用。

技术创新能力的提高和要素禀赋结构的提升是产业结构升级和贸易结构改善的必要条件，但不是充分条件。在高新技术领域，在具备高级要素禀赋比较优势的基础上，还要占据先动优势才能使一国在国际贸易舞台上实现贸易结构的真正改善，主导高新技术产品的国际贸易市场。战略性贸易政策可以帮助一个国家在高新技术产品国际贸易市场上赢得先动优势，从而固化一国在高新技术产品上的比较优势，让一国的对外贸易结构变得更加现实和稳固。

1.2.2　国内研究文献综述

国内对战略性贸易政策的研究主要从以下三个方面展开：对国外战略性贸易政策理论加以介绍、对战略性贸易政策理论在中国的适用性进行分析、对战略性贸易政策应用于我国相关行业进行经验分析。

（1）战略性贸易政策理论介绍。夏申（1995）对战略性贸易政策的开创性文献进行了介绍，叙述了战略性贸易政策的基本模型。徐丽华、冯宗宪（2007）首先介绍了战略性贸易政策理论的基本模型；其次主要就2000年以后国外学者对于该理论及其模型在产业竞争优势、公司所有权构成、产业集中度、战略联盟、委托竞争、产业整合等方面的研究成果进行了综述；最后对战略性贸易政策理论的最新发展做了简要评述。任重、张淑艳（2008）对徐丽华、冯宗宪（2007）遗漏的一些重要文献进行了补充，并梳理了这些新的理论研究，提出了未来的发展方向。

（2）战略性贸易政策理论在中国的适用性分析。唐永红（1999）在对战略性贸易政策的前提假定和实施条件进行分析后认为，我国尚不具备全面推行战略性贸易政策的条件，但在局部行业有实施战略性贸易政策的可能。长远来看，战略性贸易政策在我国有广阔的应用前景。胡昭玲（2002）对战略性贸易政策的适用条件进行了研究，把战略性贸易政策的实施条件总结为三类：前提条件、约束或限制条件以及隐含条件。前两类条件是一般性的，后一类条件是对经济转型国家特有的要求。战略性贸易政策应用的前提条件是不完全竞争（特别是寡头垄断）的市场结构和规模报酬递增；战略性贸易政策实施的约束或限制条件是从对基本理论的扩展与批评中引申出来的，可以分为经济与政治两方面。此外，胡昭玲认为对中国这个发展中国家和转型国家来说，战略性贸易政策的应用还需要第三类隐含条件：由市场配置资源的机制必须建立起来。在对上述实施战略性贸易政策的条件进行分析以后，胡昭玲认为：总体来看，我国已基本具备实施战略性贸易政策所需的前提条件和隐含条件，而经济与政治等方面的约束条件也部分得到满足，故我国在制定贸易政策时可以借鉴战略性贸易政策的策略思想，选择合适的行业加以应用。舒鹏（2003）认为目前发展中国家，规模经济效率低下、市场经济体制尚不成熟，因而发展中国家总体上不具备实施战略性贸易政策的条件。

（3）我国相关行业应用战略性贸易政策效果的实证研究。在对战略性贸易政策适用性进行探讨的基础上，胡昭玲（2000）用校准（Calibration）方法对战略性贸易政策在中国轿车制造业的适用性问题进行了实证研究。分析了应用战略进口政策对该行业进口量、企业利润及国民福利产生的影响。该文的分析结果说明，只要选定适当的行业和产品，战略性贸易政策在中国也具备应用的可能性，适度的关税保护政策可以起到提高国民福利待遇的作用。无限制地高筑关税壁垒是错误的，正确选择保护程度十分重要，中国现行的关税与最佳关税相比是过高的。许统生（2003）也运用"标准刻度法"，研究了我国汽车工业的最优贸易政策。结论是不同政策组合条件的最优贸易政策工具及数量都各不相同。在考察的四种政策当中，同时实行最优的战略贸易补贴及最优战略关税政策使中国国民福利值最大，因而是三种"最优"政策当中的"最优"。同时，各种战略贸易政策都不能起到"利润转移"的作用。

（4）战略性贸易政策与我国自主创新的相关研究。余道先、刘海云（2007）指出战略性贸易政策的理论和实证为我国在自主创新过程中实施战略性贸易政策提供了借鉴，在我国自主创新的发展战略中，首要的是要营造以战略性 R&D 投入政策为主的环境。牛君、韩民春（2007）在对 R&D、创新和自主创新进行比较的基础上，结合战略性贸易政策理论，提出了战略性自主创新政策，并且讨论了实施战略性自主创新政策的几个条件。韩民春、樊琦（2010）以加入 WTO 后中国汽车产业为研究对象，通过对战略性 R&D 补贴政策、自主创新以及我国汽车产业结构之间的实证分析，发现 R&D 补贴政策与我国汽车产业自主创新高度正相关。战略性 R&D 补贴及企业自主创新对市场占有率的影响存在滞后效应，并对汽车的市场垄断集中度有分化作用，优化了汽车产业结构。我国政府应当加大对战略性产业的 R&D 补贴，进一步优化政府 R&D 补贴结构，完善创新激励制度，培育良好的创新环境。

从以上对国内关于战略性贸易政策的文献回顾中可以看出，我国对战略性贸易政策的研究，在理论介绍、适用性分析以及实证研究三个方面都是从利润转移理论的角度进行的；而将战略性贸易政策与我国自主创新相结合进行研究的文献只有几篇，且缺乏系统性。

1.2.3　总结性评述

战略性贸易政策是指在一个现实的或潜在的国际寡头背景下影响企业间策略互动结果的贸易政策。广义的战略性贸易政策理论包括利润转移理论和外部经济理论两部分，在国外对战略性贸易政策的研究中，关于利润转移理论（战略性出口政策、战略性进口政策和进口保护促进出口政策）的有很多，称为狭义的战略性贸易政策理论，而外部经济理论却只得到了相对较少的研究。循此研究路径，我国对战略性贸易政策的研究，不管是理论介绍、适用性分析还是实证检验也大都是基于利润转移理论进行的，而立足中国作为发展中国家的现实，从外部经济理论出发，将战略性贸易政策与技术创新、产业发展相结合，论述战略性贸易政策在推动我国经济结构动态转型中作用的研究则十分缺乏，但这更符合中国作为发展中国家技术水平相对落后、自主创新能力薄弱、产业结构低端的国情，也是中国未来发展最迫切需要解决的问题。处在不同发展阶段的国家和不同发展程度的产业，实施战略性贸易政策的目的是有差异的，所以发展中国家与发达国家关于战略性贸易政策有着不同的研究内容。因此，外部经济理论和利润转移理论对发展中国家和发达国家具有各自不同的重要性。对于技术创新力量雄厚、产业结构完善、综合实力领先的发达国家而言，其实施战略性贸易政策的主要目的是在国际贸易市场上扩大生产、增加出口，为本国产业发展创造有利的战略地位，因此基于利润转移的战略性贸易政策是其核心研究内容，这也正是战略性贸易政策于 20 世纪 80 年代在美国产生的原因；而对于技术创新能力薄弱、产业结构低端、面临转变经济发展方式迫切任务的发展中国家而言，其实施战略性贸易政策的主要目的则在于培育技术创新能力、推动产业升级、改善外贸结构。因此，与技术创新、产业培育相联系的外部经济理论对发展中国家更加重要。发展中国家采用战略性贸易政策应以培育企业自主创新能力和推动产业升级为导向，这是提高发展中国家产业国际竞争力的根本所在，战略性贸易政策对发展中国家的适用性也更多地体现在这里。日本、中国台湾等比较成功地运用了战略性贸易政策的国家和地区，也是由于在这一过程中大大提高了技术创新的能力，成功地实现了产业升级。因此对作为发展中国家的中国来讲，从外部经济理论出发，将贸易政策与产业政策相结合，基于技术创新、产业发展的战略性贸易或产业政策比基于利润转移的战略性贸易政策更加符合我国的经济现实和发展使命。

1.3 本书的研究思想、研究方法及创新点

1.3.1 本书的研究思想

（1）根据发展中国家经济发展目标和产业成长阶段的不同，本书旨在研究适用于发展中国家的战略性贸易政策理论。指出发展中国家的战略性贸易政策应该为其技术创新能力培育、产业发展和贸易结构改善服务。由此，在理论上将战略性贸易政策理论与内生增长理论和比较优势经济发展战略理论相结合，构建了基于经济结构动态转型的战略性贸易政策理论框架。

（2）系统研究了战略性贸易政策在比较优势实现顺利升级的各阶段（技术创新、技术扩散、产业发展、贸易结构改善）可以起到的作用；并对战略性贸易政策各种可能的表现形式进行了探讨。实证研究了战略性研发补贴对制造业技术创新的实际效果，定量考察了制造业技术创新的影响因素。

1.3.2 本书的研究方法

（1）数理建模：将战略性贸易政策与我国经济结构动态转型相结合进行研究，涉及经济学多门分支学科，是国际贸易理论、内生增长理论、博弈论、产业组织理论和发展经济学的融合研究。本书运用博弈论方法将战略性贸易政策理论与内生增长理论相结合构建了基于技术创新的战略性贸易政策理论模型。

（2）理论阐述：对不易构建理论模型的地方进行文字阐述、几何曲线刻画和图表说明，以阐明内在经济关系。

（3）实地调研：通过实地调研获得进行实证研究所需的数据，并更加深入地了解我国政府政策、企业创新能力、产业发展与对外贸易的现状。

（4）实证分析：应用计量经济学方法对我国政府战略性贸易政策与技术创新、产业发展之间的关系展开实证研究，以得出定量结论。

（5）案例研究法：对日本、美国、法国等国使用战略性贸易政策的经验、教训进行总结，并结合理论论述和我国的实证结论，为我国旨在推动经济结构动态转型的战略性贸易政策提供可资借鉴的一般原则。

1.3.3　本书的主要创新点

（1）从战略性贸易政策外部经济理论分支出发，将战略性贸易政策理论与内生增长理论相结合，构建了基于技术创新的战略性贸易政策理论模型，并以此为基础构建了战略性贸易政策推动我国比较优势动态升级的理论框架。

（2）将比较优势经济发展战略和战略性贸易政策理论相结合，提出了更加完善的经济发展理论框架，对适应于我国经济现实和发展需要的战略性贸易政策理论进行了研究。

（3）将战略性贸易政策与南北技术扩散相结合，使以前的被动接受技术溢出变为战略性地制定政策以更好地吸收技术溢出，提高我国追赶技术先进国家的速度。

（4）对发展中国家旨在推动技术创新、产业发展和比较优势升级的战略性贸易政策进行了研究，探讨了战略性贸易政策更加广泛的产业政策表现形式（如研发补贴、知识产权保护、官产学联合研究、产业集中度的选择和占领国际技术标准等）；总结了日本、美国和法国实施战略性贸易政策的经验教训，为我国提供了可资借鉴的原则。

（5）研究了发展中国家基于技术创新、产业发展的战略性贸易政策在实施目的、实施手段、政策博弈结局和政策制定策略原则上与发达国家基于利润转移的战略性贸易政策的不同之处。

2　战略性贸易政策推动比较优势动态升级的理论模型

2.1　发展中国家的战略性贸易政策辨析

古典和新古典贸易理论的贸易政策建议是自由贸易政策，认为自由贸易政策是占优策略[①]；与此相反，新贸易理论的贸易政策建议则是战略性贸易政策，认为贸易保护政策是最优策略。[②] 比较优势理论以要素禀赋、技术条件和消费者偏好的国际差异为基础，通过比较优势理论重创了重商主义，为自由贸易奠定了坚实的理论基础，但它不能较好地解释现实中普遍存在的花样百出的贸易保护现象和产业内贸易现象，这表明古典和新古典贸易理论由于其严格的假设前提必定过滤掉了一些现实中的重要经济因素；新贸易理论以规模报酬递增、不完全竞争和外部经济为基础，得出了国际贸易模式的不确定性，强调了政府政策[③]在帮助本国企业获取策略优势、先动优势和竞争优势，以形成对己有利的贸易格局中的重要作用。但是肇始于发达国家的战略性贸易政策理论，集中关注通过帮助本国企业在

[①]　在博弈者的策略集中，如果存在一个与其他竞争对手可能采取的策略无关的最优选择，则称其为占优策略（Dominant Strategy）。所谓的占优策略是指无论竞争对手如何反应都属于本企业最佳选择的竞争策略。

[②]　为此，迪克西特也将战略性贸易政策称为新重商主义。

[③]　在新贸易理论中可以影响国际贸易模式的因素有：历史、偶然、国内市场规模和政府政策。在这些因素中，只有政府政策是可以选择的，而其他因素都是不可改变的，所以政府政策的策略作用就值得深入研究。

国际产品竞争市场上扩大生产、增加出口来达到转移利润的目的，战略性贸易政策的这样一种使用目的对发达国家来讲是很适合的，却并不适合于发展中国家的经济现实和发展目标。一般来讲，一个产品或产业从无到有，从小到大，从内销到出口要经历如图 2 - 1 所示的生命周期。

基础研究　　技术创新　　商业转化　　产业化　　出口

图 2 - 1　产品或产业成长的生命周期

发达国家因为具有雄厚的基础研究和技术创能力、完善的技术转化机制以及高端的产业和贸易结构，即它们在产品或产业成长的前期阶段都已具备了完善的基础，因而它们的主要问题在于如何扩大生产，占领更大份额的国际竞争市场，这决定了其实施战略性贸易政策的目的在于关注产业成长后期阶段的生产和销售；然而，对于基础研究和技术创新能力薄弱、技术转化机制不健全以及产业和贸易结构低端的发展中国家来讲，许多产业（尤其是资本、技术密集的产业）尚不具备前期成长阶段的基础准备，如果照搬发达国家的战略性贸易政策研究思路（利润转移理论），为产业后期阶段的扩大生产、增加出口提供策略支撑，这种舍本求末的做法将使战略性贸易政策对发展中国家缺乏适用性，也不会起到良好的效果。一国的产业和贸易结构是内生于要素禀赋结构的，所以提升要素禀赋结构是改善产业和贸易结构的根本，所以发展中国家的战略性贸易政策应该循此思路来展开研究，探讨如何通过战略性贸易政策为发展中国家的技术创新、产业发展、贸易结构升级提供帮助，这与发达国家基于利润转移的战略性贸易政策有很大的不同。本研究着眼于构建适用于发展中国家的战略性贸易政策框架，在理论上，将比较优势经济发展战略理论、内生增长理论与战略性贸易政策理论结合起来，从外部经济理论这一战略性贸易政策理论分支出发，首先构建了基于技术创新的战略性贸易政策理论模型，进而建立了基于比较优势升级的战略性贸易政策理论框架。

2.2　基于技术创新的战略性贸易政策理论模型

按照比较优势经济发展战略，要素禀赋结构升级是产业结构和外贸结构升级的基础，只有将一个国家从低端要素（非熟练劳动力、自然资源、物质资本）丰富转变为高级要素（知识技术、人力资本）丰富，才能从根本上实现该国比较优势的动态升级。而在土地（自然资源）、劳动、资本、技术和制度这五种要素中，技术具有核心而关键的作用。土地由于受到一国版图的限制，一般可以视为既定的，甚至在不断减少；劳动力受人口增长速度的制约，增加的幅度也是有限的；而资本具有很大的变动可能性，资本积累是一国经济增长极为重要的要素，这在哈罗德－多马以及索洛经济增长模型中已经得到了充分反映。但是在其他要素投入不变的情况下，资本投入增加会面临边际收益递减的问题，故资本积累的积极性会由于资本投资回报率的下降而受到制约，由此导致资本积累速度下降，经济增长速度也相应降低。但如果在资本不断积累的同时，技术创新也在不断出现，资本的边际收益就会提高，从而改变资本投资收益率下降的态势，使资本积累得以顺利进行，经济得以平稳、可持续增长。可见，技术创新会为资本积累带来激励，对资本积累的可持续发生，从而对整个经济的可持续发展起着决定性的作用；制度变迁与经济增长存在交互关系。制度变迁决定一国交易费用的变化，进而对经济增长有着至关重要的决定作用；同时经济增长也会对制度变迁产生推动力量。然而，根据马克思经济基础决定上层建筑的历史逻辑，制度始终是根据经济发展状况进行动态调整的，而技术创新作为经济基础的核心环节，自然对制度变迁起着决定性的推动作用，技术创新会改变利益集团间的利益分配格局，从而呼唤着与之适应的制度安排；此外，技术创新还为一些制度安排的实现提供了技术支撑。综上，在决定经济增长的五种要素中，起关键作用的乃是技术创新。至于技术创新对产业结构升级和贸易结构改善的推动作用也就更加显而易见了，正是由于技术创新才源源不断地产生高附加值、高回报的高新技术产业，如电子、生物工程等，从而引导人们淘汰低附加值、低回报的低端产业而转向这些高端产业，于是产业结构升级便自然发生了，贸易结构升级也就顺理成章了。鉴于技术创新在经济增长、产业结构升级和贸易结构改善中的关键作用，本课题将集中研究战略性贸易政策在推动我国技术创新过程中的作用，首先构建基于技术创新的战略性贸易政策理论模型，并在此基础上提出战略性贸易政策推动我国比较优势动态升级的理论框架。

立足发展中国家的国情，本节从外部经济理论出发，以企业研发成本的策略依存性质为切入点，将战略性贸易政策理论与内生技术增长理论相结合，构建了基于技术创新的战略性贸易政策理论模型，研究了政府出于外部经济考虑的战略性贸易政策如何在国际博弈的背景中影响各国企业技术创新的速率，以期为做出更加符合发展中国家国情的战略性贸易政策研究提供一个理论指导。本课题基于技术创新的战略性贸易政策研究拓展了战略性贸易政策理论的研究领域，是一个崭新的研究视角，对我国培育技术创新能力、转变经济发展方式、建立创新型国家具有重要的理论价值和现实意义。

2.2.1 基于技术创新的战略性贸易政策博弈模型构建

在本模型中存在两个国家：技术落后的本国 H（南方）和技术领先的外国 F（北方）。每个国家有四个经济参与部门：最终品生产企业、中间品研发企业、家户和政府。为了集中考察战略性贸易政策对南北双方技术创新速度的影响，本模型假定 H 国和 F 国除了在技术创新能力上存在差异外，其他都相同。本模型在一个三阶段南北技术创新博弈模型中分析了政府政策如何在策略依的环境中影响中间品研发企业的技术创新速度。政府首先行动以战略性地选择对技术创新企业的研发补贴，随后技术创新企业在考虑政府补贴的情况下做出是否进行研发的决策，最后技术创新企业决定产品被研发出来后的最优销售价格。

在内生技术进步理论中有两种建模策略：品种增加型模型和熊彼特质量阶梯模型。在前者中，技术进步表现为产品种类的不断增加，但是新品种既不是旧品种的替代品也不是其互补品，所以在这类模型中不存在创造性破坏（Creative Destruction）效应；在后者中，技术进步表现为既有产品种类组合质量的持续改善，而更高质量的产品是较低质量产品的近似替代品，所以在熊彼特质量阶梯模型中存在创造性破坏效应。为了更好地模型化从外部经济理论出发基于技术创新的战略性贸易政策思想，本模型在罗伯特·巴罗和夏威尔·萨拉－伊－马丁（2010）品种增加型内生技术变革模型中进行战略性贸易政策的理论研究。为做到这一点，笔者对该模型进行了两项重要的修改和拓展。

拓展1：修改了其常数研发成本的假定，通过加入政府的角色，阐述了政府外生的政策安排如何影响企业研发成本的大小，进而改变企业内生技术变革的进程。

拓展2：通过引入国际技术外溢效应，表明南北企业的研发成本是相互依存的，从而将原有的单国最优决策模型拓展为两国对策互动模型。

为了模型化本书的思想，需要首先给出两个假定。

假定1：在本模型中有两个国家——技术落后的本国H（南方）和技术领先的外国F（北方）。每个国家有四个经济参与部门：最终品生产企业、中间品研发企业、家户和政府。

假定2：为了集中考察战略性贸易政策对南北双方内生技术创新速度的影响，假定南北两个国家除了在技术创新能力上存在差异外，其他都相同。

除技术创新能力存在差异外，假定南北两个国家是对称的，所以对一个国家的探讨可以很容易地扩展到另一个国家，故为了简化描述，以下只对技术落后国本国H的相关情况进行着重阐述。现对博弈模型的四个参与者进行描述。

1. 最终品生产企业

最终品生产者通过某种技术，购买劳动和中间品投入，并将其结合起来生产以单价销售的最终产品。根据 Spence（1976）、Dixit 和 Stiglitz（1977）、Ethier（1982）以及 Romer（1987，1990）的研究，可将南北企业 i 的生产函数分别设定为：

$$Y_{iH} = AL_{iH}^{1-a} \cdot \sum_{j=1}^{N_H} (X_{ijH})^a$$

$$Y_{iF} = AL_{iF}^{1-a} \cdot \sum_{j=1}^{N_F} (X_{ijF})^a$$

(2.1)

其中，$0 < a < 1$，Y_i 为产出，L_i 是劳动投入，X_{ij} 是企业 i 所购买的第 j 种中间品的数量，下标 H 和 F 代表相应的国家，参数 A 为生产效率的总体量度，N_H 和 N_F 分别代表本国和外国已发明的中间品种类数。为了集中考察战略性贸易政策对技术创新的影响，这里假定 H 国和 F 国在生产效率 A 上相同，且两国的生产函数都采用相同的形式，而两国的差别则集中表现为本国 H 与外国 F 相比拥有较少的发明创造和创新资源，具有较慢的技术进

步速度。在这里各国已发明的中间品种类数 $N_i(i=H,F)$ 是生产函数的一个关键要素，这在稍后的阐述中还会详细说明。

式（2.1）中的生产函数表明，投入 L_i 和 X_{ij} 都有递减的边际生产力，且所有投入都具有不变规模报酬。$(X_{ij})^a$ 的加性可分（odditively separable）形式表明，$\dfrac{\partial Y_i}{\partial X_{ij}}=AaL_i^{1-a}\cdot(X_{ij})^{a-1}$，$\dfrac{\partial^2 Y_i}{\partial X_{ij}\partial X_{ij'}}=0$，故中间品 j 的边际产出与所使用的中间品 j' 的数量无关。由此新品种既不是旧品种的生产替代品也不是其生产互补品，所以在这类模型中没有创造性破坏效应。

需要着重强调的是，在本模型中技术进步表现为可获得中间品种类数 $N_i(i=H,F)$ 的增加，而非索洛模型中生产性参数 A 的增加。如果在当前的有限价格下可获得 N 种中间品，那么企业有激励使用所有 N 种中间品。这是由于每种中间品都会面临边际产出递减的问题，而新中间品的发明则可以通过减少已有中间品的使用，增加新产品的投入来缓解这一问题。为了考察 N 增加所带来的效应，假定中间品可以用一种实物单位计量，且所有中间品被使用相同的数量 $X_{ijH}=X_{iH}$（这在稳态中成立）。则 H 国企业 i 的产出数量为：

$$Y_{iH}=AL_{iH}^{1-a}N_H(X_{iH})^a=AL_{iH}^{1-a}(N_H X_{iH})^a N_H^{1-a} \tag{2.2}$$

在式（2.2）中，当 L_{iH} 和 $N_H X_{iH}$ 不变时，根据项 N_H^{1-a}，Y_{iH} 将关于 N_H 递增。在 A 和 L_{iH} 给定时，Y_{iH} 在如下两种情况下都可实现增长：一是在 N_H 不变的情况下经由 X_{iH} 的增加来实现，但由于 $\dfrac{\partial^2 Y_{iH}}{\partial X_{iH}^2}<0$，故这种增长方式会遇到收益递减问题；二是在 X_{iH} 不变的情况下经由 N_H 的增加来实现，此时由于 $\dfrac{\partial^2 Y_{iH}}{\partial N^2}=0$，故不会面临收益递减问题。同样的分析也适用于 F 国。由此可以看出，在本模型采用的生产函数形式中，各国已发明的中间品种类数 N_H 和 N_F 的相对大小反映了相应国家生产技术水平的先进与否，故这里的中间品种类数是各国生产技术禀赋的代言。本国 H 作为技术落后国，有 $N_H<N_F$，表明本国与外国相比，在最终品生产上更多地受收益递减问题的制约。以 N 的持续增加为表现形式的技术进步避免了收益递减倾向，生产函数的这种特征为内生技术进步提供了基础。由此本模型的主线也就是探

讨战略性贸易政策对中间产品创新速度 $\gamma = \dfrac{\dot{N}}{N}$ 的影响。另外需要说明的是，我们假定已发明的中间品种类在发明它的母国具有排他性（通过政府的垄断专利权保护）和非竞用性，而这些中间品的非发明国不能得到这种技术；但对于中间品的研发过程则假定在国内和国家间存在程度不同的外部经济效应，这一点在随后关于中间品研发成本性质的讨论中还会详细阐述。而对于前一点假定，在生产函数式（2.1）中已经得到了充分反映：各国的最终品生产企业都可以购买自己国家发明的中间品种类来进行生产，但不能利用别国发明的中间品种类从事生产。

假定所有企业生产的最终产品 Y_i 都是同质的，在各种用途之间可以完全替代。具体而言，最终产品在如下三种用途中分配：消费 C、中间品 X_j 的生产以及中间品 X_j 的研发（以扩张 N）。所有的价格都以同质的产品 Y 的数量来计量。假定 X_{ij} 是非耐用的商品和服务，将简化模型的分析，因为它只涉及一个状态变量 N，但不影响模型关于技术进步决定因素的结论。H 国最终品生产企业的利润为：

$$Y_{iH} - \omega L_{iH} - \sum_{j=1}^{N} P_j X_{ijH} \qquad (2.3)$$

其中，ω 是工资率，P_j 是中间品 j 的价格。最终品生产者都是竞争性的，ω 和 P_j 是按要素的边际产出给定的，根据规模报酬不变时的欧拉定理，最终品企业的利润为零。由 $\dfrac{\partial Y_{iH}}{\partial X_{ijH}} = P_j$ 和 $\dfrac{\partial Y_{iH}}{\partial L_{iH}} = \omega$ 可得：

$$X_{ijH} = L_{iH} \cdot (Aa/P_j)^{1/(1-a)} \qquad (2.4)$$

$$\omega = (1-a) \cdot (Y_{iH}/L_{iH}) \qquad (2.5)$$

2. 中间品研发企业——技术创新单位

一般而言，技术创新具有非竞用性，而其排他性程度与政府专利保护的力度成正相关。由于新产品的研发代价是高昂的，为激发创新，政府必须通过专利保护补偿研发企业。政府可能有动机在企业做出创新成果以前承诺给予专利保护，但一旦研发企业真正成功以后又违背承诺，这种政府行为的时间不一致性可能具有静态效率，却无法为未来的创新提供激励。所以政府的最优专利保护政策必定面临获得竞争性所带来的静态效益与激励新产品创新的动态效益之间的取舍。虽然如此，考虑到简洁性，我们在这里仍然假定政府的制度安排允许产品 j 的发明者在产品 X_j 的销售上享有永久的专利垄断权，这使得企业可以选择最优价格以实现利润最大化，垄断租金流将成为发明的诱因。故技术进步是研发企业有目的地追求利润最大化的结果。H 国中间产品研发企业从发明第 j 种中间品中获得的收益的现值为：

$$V_H(t) = \int_t^\infty \pi_{jH}(v) \cdot e^{-\bar{r}(t,v)(v-t)} \, \mathrm{d}v \tag{2.6}$$

其中，$\pi_{jH}(v)$ 是 H 国中间品研发企业发明第 j 种中间品在时点 v 的利润流，且 $\bar{r}(t,v) \equiv [1/(v-t)] \cdot \int_t^v r(\omega)d\omega$ 是时点 t 和时点 v 之间的平均利率。当利率为常数时，折现因子简化为 $e^{-r \cdot (v-t)}$。假定一旦第 j 种中间品被发明出来，其边际生产成本和平均生产成本是一个常数，且标准化为 1，而中间品生产者按 $P_j(v)$ 的价格销售中间产品，那么 H 国中间品企业在时点 v 的利润流为：

$$\pi_{jH}(v) = [P_j(v) - 1] \cdot X_{jH}(v) \tag{2.7}$$

其中，

$$X_{jH}(v) = \sum_i X_{ijH}(v) = [Aa/P_j(v)]^{1/(1-a)} \cdot \sum_i L_i = L \cdot [Aa/P_j(v)]^{1/(1-a)} \tag{2.8}$$

$X_{jH}(v)$ 是 H 国所有最终品生产者对第 j 种中间品的总需求量，L 是劳动投入加总，且假定为常数，因为假定 H 国和 F 国的劳动力总投入相同，所以不加下标区分。综上，H 国中间品研发企业从发明第 j 种中间品中获得收益的现值表达式为：

$$V_H(t) = \int_t^\infty [P_j(v) - 1] \cdot L \cdot [Aa/P_j(v)]^{1/(1-a)} \cdot e^{-\int_t^v r(\omega)d\omega} \, \mathrm{d}v \tag{2.9}$$

由于本模型中第 j 种中间品的发明者也是第 j 种中间品的生产者，所以中间品研发企业有两种成本：一次性预付的研发成本和伴随中间品生产而逐期发生的生产成本。以上描述了中间品创新企业从事产品研发能获得的收益，接下来阐述 H 国中间品创新企业从事产品研发的成本，以完成对中间品研发企业的完整描述。研发成本的性质会在很大程度上影响研发投资决策以及新产品创新的速度。此外，这里关于研发成本策略依存性质的假定是本模型将战略性贸易政策理论与内生技术增长理论相结合进行研究的切入点，对本模型的构建十分重要。为了确切地模型化这里想要表达的思想，本模型对研发成本 η 的性质做如下假定。

在文献中，一个经常提及的假定是新产品的创新成本 η 依赖于已发明的中间品种类数 N。本模型对此假定做了进一步的拓展和深化，并赋予研发成本国内外相互依存的特征。前文已假定一国的最终品企业在生产中不能利用另一国发明的中间品种类，但我们仍然假定每个国家的中间品研发企业都可以从母国和他国中间品研发的过往实践中吸收技术溢出，以降低中间品研发的成本，即我们认为在中间品创新领域存在干中学效应和外部经济现象，各国技术创新企业的研发行为在发明新中间品的同时，还会得到一个副产品——积累各自的创新资源，而各国企业新中间品的研发成本 η 与世界上的创新资源总量 R 成反比；但是，考虑到吸收能力、技术扩散渠道、专利保护和文化差异等因素，相对于国内企业间的技术溢出效应，跨国企业间的技术溢出效应是不完全的。故模型在这里假定 i 国创新资源 R_i 对 i 国未来创新的有利影响大于 j 国创新资源 R_j 对 i 国创新的有利影响（$i,j = HorF, i \neq j$）。这里的创新资源包括过去的创新实践为未来发明提供的有益启发、优秀科研人才的易得性以及演化形成的有利于技术创新的政策和制度安排等。上述关于研发成本性质的描述可用公式表达为：

$$R = R_H + R_F$$
$$\eta_i(R) = \eta_i(R_i, R_j)$$
$$\frac{\partial \eta_i}{\partial R} < 0, \frac{\partial \eta_i}{\partial R_i} < \frac{\partial \eta_i}{\partial R_j} < 0 \qquad (2.10)$$
$$i = HorF, j = HorF, i \neq j$$

其中下标代表相应的国家。此外，出于对称性的考虑本模型还假定：

$$\frac{\partial \eta_H}{\partial R_H} = \frac{\partial \eta_F}{\partial R_F} = \varepsilon$$
$$\frac{\partial \eta_H}{\partial R_F} = \frac{\partial \eta_F}{\partial R_H} = \varphi \qquad (2.11)$$

其中，ε 和 φ 为常数，且 $\varepsilon < \varphi < 0$。这样，在上述假定下，各国企业

的研发成本函数可写为：

$$\eta_H(t) = \beta + \varepsilon \cdot R_H(t) + \varphi \cdot R_F(t)$$
$$\eta_F(t) = \beta + \varepsilon \cdot R_F(t) + \varphi \cdot R_H(t) \qquad (2.12)$$

这是一个对称的线性研发成本函数，其中 $\beta > 0$ 是一个参数，且在国内外相同，它表示国内外创新资源都为 0 时企业的研发成本。易于推出，当 $R_H < R_F$ 时，$\eta_H > \eta_F$；当 $R_H = R_F = \dfrac{R}{2}$ 时，$\eta_H = \eta_F$；当 $R_H > R_F$ 时，$\eta_H < \eta_F$。此外，本模型关于创新资源 R 积累的假定为：

$$R_H(t) = c + f \cdot \gamma_H(t)$$
$$R_F(t) = c + f \cdot \gamma_F(t) \qquad (2.13)$$

由于 H 国是技术落后国，有 $\gamma_H < \gamma_F$，那么 H 国通过干中学效应积累的创新资源比外国少，即 $R_H < R_F$，所以 $\eta_H > \eta_F$。表明技术落后的南方企业在未来创新的道路上要克服更多的障碍；但是关于南北企业对称线性研发成本性质的假定又表明，南北企业在未来创新之路上面临着相同的机遇。这确切地反映了这里的建模思想：虽然南方企业在技术创新道路上的起点比北方企业低，但二者面临着相同的机遇，在南方政府适宜的战略性贸易政策的协助下，南方企业可以应对挑战，抓住机遇，实现赶超。

3. 家户

家户在常见的预算约束下最大化其效用。H 国家户在无限期界情况下的效用函数为：

$$U_H = \int_0^\infty \left(\frac{c^{1-\theta} - 1}{1 - \theta} \right) \cdot e^{-\rho t} \, \mathrm{d}t \qquad (2.14)$$

其中，本模型中的人口增长率 n 为 0。家户的总预算约束为：

$$C_H = \omega l + r \cdot (Asset) - d(Asset)/\mathrm{d}t \qquad (2.15)$$

其中，r 为家户获得的资产收益率，ω 为从固定不变的劳动总量中获得的工资率。

家户满足熟悉的欧拉方程为：

$$\frac{\dot{C}_H}{C_H} = (r - \rho)/\theta \qquad (2.16)$$

因为人口 L 恒定不变，所以消费增长率等于人均消费的增长率。

4. 政府

假定南北政府都是坚定的发展型政府，旨在通过技术创新驱动经济内生增长。它们都力图帮助本国企业加快技术内生变革的步伐，从而使本国企业能不断缓解生产中出现的中间品投入边际产出递减问题，进而实现家户的效用最大化。所以，各国政府都在自身能力（如技术创新制度的供给）和所掌握资源（如公共研发补贴预算）的约束下，通过影响企业内生技术变革的激励，以实现企业技术创新速度 $\gamma = \dfrac{\dot{N}}{N}$ 这一目标函数的最大化。[①]

2.2.2 博弈模型求解

本模型对政府政策如何在策略依存的环境中影响中间品研发企业技术创新速度的思想是在一个三阶段南北技术创新博弈模型中进行分析的。在这个三阶段博弈模型中，各国政府首先行动以战略性地选择对本国技术创新企业的研发补贴，随后技术创新企业在考虑政府补贴的情况下做出一个两阶段决策。首先，技术创新企业做出是否进入研发领域的决策。当预期利润的净现值不低于预先支付的研发成本时，企业将进入研发领域。其次，技术创新企业决定产品一旦被研发出来的最优售价。售价决定了各时期利润的大小，进而决定了第一阶段的利润净现值。对这个三阶段博弈，模型求解采用逆推归纳策略（Backward Induction Strategy）以得到子博弈完美的纳什均衡（Sub-game Perfect Nash Equilibrium）：首先，假定某种新中间产品已经被发明出来，进而求解出最优销售价格；其次，计算出利润的净现值，并将其与研发成本对比以做出是否进入研发领域的决定；最后，对政府的最优研发补贴水平进行探讨。这样得出的解必定是序贯理性的（Sequential Rationality）。

[①] 在经济学中，根据政府目标函数的不同，可以将政府分为以下几种类型：生产发展型、食利寻租型、再次当选型等。现实中的政府都是上述多重目标的综合体，只不过其内在成分比重会随着各国制度、利益集团力量、历史、社会思潮、文化等因素的变化而改变。本书假定了一种理想型的政府，这对一些有着强烈发展愿望的国家还是较为合理的。

1. 求解当新中间品研发出来后的最优售价

与通常的博弈模型假定在产品销售阶段存在古诺博弈或伯川德博弈不同，在这里构建的博弈模型中，由于每种新中间品的发明者都是该中间品的垄断提供者，所以其面临的是单独优化决策问题而非对策问题，故销售阶段不存在博弈，这里的博弈集中体现为政府间的研发补贴竞赛。由于生产方不存在状态变量，且需求方不存在跨期要素，X_{jH} 的生产者在各时点选择 P_j 以最大化该时点的垄断利润流式（2.7）。中间品创新企业在本阶段的优化问题为：

$$\underset{p_j(v)}{\text{Max}}\pi_{jH}(v) = [P_j(v) - 1] \cdot L \cdot [Aa/P_j(v)]^{1/(1-a)} \tag{2.17}$$

令 $\dfrac{\partial \pi_{jH}(v)}{\partial p_j(v)} = 0$ 得到最优销售价格为：

$$P_j(v) = P = 1/a > 1 \tag{2.18}$$

将式（2.18）中的 $P_j(v)$ 代入式（2.8）中，可以得到生产的每种中间品的数量为：

$$X_{jH} = A^{1/(1-a)} a^{2/(1-a)} L \tag{2.19}$$

对所有产品和所有时点而言，数量 X_{jH} 都是相同的。那么 H 国中间品的总量（记作 X_H）为：

$$X_H = N_H X_{jH} = A^{1/(1-a)} a^{2/(1-a)} L N_H \tag{2.20}$$

根据式（2.2）和式（2.19），总产出水平为：

$$Y_H = AL^{1-a} X_H^a N_H^{1-a} = A^{1/(1-a)} a^{2a/(1-a)} L N_H \tag{2.21}$$

用式（2.18）和式（2.19）替代式（2.7）中的 P_j 和 X_{jH}，可以得到利润流的表达式：

$$\pi_{jH}(v) = \pi = L A^{1/(1-a)} \cdot \left(\frac{1-a}{a}\right) \cdot a^{2/(1-a)} \tag{2.22}$$

它也恒定不变，不因时间和产品不同而不同。最后，将上式代入式（2.6），求得发明者在时点 t 的利润净现值为：

$$V_H(t) = LA^{1/(1-a)} \cdot \left(\frac{1-a}{a}\right) \cdot a^{2/(1-a)} \int_t^\infty e^{-\bar{r}(t,v)(v-t)} \, \mathrm{d}v \qquad (2.23)$$

2. 中间品创新企业决定是否进入研发领域

通过前一阶段的求解，已经得出了 H 国中间品研发企业从事新产品研发的收益为式（2.23）中的 $V_H(t)$，而技术创新企业的研发成本为式（2.12）中的 $\eta_H(t)$。在同一时间，$\eta_H(t)$ 对 H 国每个企业都相同；但随着时间的推移，$\eta_H(t)$ 会根据本国和外国创新资源存量的改变而变化。如果 $V_H(t) \geqslant \eta_H(t)$，那么创新企业将进行新中间品的研发；如果 $V_H(t) < \eta_H(t)$，则没有企业愿意进行新产品的研发。由此新中间品研发领域的自由进入和退出将使得研发企业在均衡中只能获得零利润，即下式对所有 t 成立：

$$V_H(t) = \eta_H(t) \qquad (2.24)$$

对式（2.24）关于时间求导，利用式（2.23）中 $V_H(t)$ 的表达式，并考虑条件 $\bar{r}(t,v) \equiv [1/(v-t)] \cdot \int_t^v r(\omega) \, \mathrm{d}\omega$，我们可得：

$$\dot{V}_H(t) = r(t) \cdot V_H(t) - \pi \qquad (2.25)$$

即，

$$r(t) = \frac{\pi}{V_H(t)} + \frac{\dot{V}_H(t)}{V_H(t)} = \frac{\pi}{\eta_H(t)} + \frac{\dot{\eta}_H(t)}{\eta_H(t)} \qquad (2.26)$$

其中，π 是式（2.22）中恒定不变的利润流。式（2.26）表明，债券收益率 $r(t)$ 等于研发的投资收益率。研发投资收益率等于利润率 $\frac{\pi}{V_H(t)}$ 加上研发企业价值变化所带来的损益率 $\frac{\dot{V}_H(t)}{V_H(t)}$。将 π 的表达式代入式（2.26）可得：

$$r(t) = [L/\eta_H(t)] A^{1/(1-a)} \cdot \left(\frac{1-a}{a}\right) \cdot a^{2/(1-a)} + \frac{\dot{\eta}_H(t)}{\eta_H(t)} \qquad (2.27)$$

由于在一般均衡中，本国和外国的技术进步率是不变的，那么本国和外国通过干中学的外溢效应累积的创新资源处于稳定水平，所以此时 H 国和 F 国创新企业的研发成本是不变的 η_H，故 $\dot{\eta}_H(t) = 0$。则，

$$V_H^*(t) = \eta_H \qquad (2.28)$$

$$r^*(t) = [L/\eta_H]A^{1/(1-a)} \cdot \left(\frac{1-a}{a}\right) \cdot a^{2/(1-a)} \qquad (2.29)$$

此时，H 国企业的市场总价值为 $\eta_H \cdot N_H$。在封闭经济体中，所有家户的资产等于企业的市场总价值：

$$Asset = \eta_H \cdot N_H \qquad (2.30)$$

因为在均衡中 η_H 保持不变，那么：

$$d(Asset)/dt = \eta_H \dot{N}_H \qquad (2.31)$$

根据式（2.5），工资率为：

$$\omega = (1-a)(Y_H/L) \qquad (2.32)$$

经整理，式（2.28）所决定的利率可以改写成：

$$r^* = \frac{1}{\eta_H} \cdot (1-a) \cdot a \cdot (Y_H/N_H) \qquad (2.33)$$

因此，总收入 $(\omega l + r \cdot Asset) = Y_H - a^2 Y_H$。又根据式（2.20）和式（2.21）可得 $X = a^2 Y_H$，于是，式（2.15）中家户的预算约束为：

$$\eta_H \dot{N}_H = Y_H - C_H - X_H \qquad (2.34)$$

上式是 H 国整个经济体的资源约束，它表明在任何时点，Y_H（GDP）必须在消费 C_H、已发明的 N_H 种中间品 X_H 的生产以及新产品总研发成本 $\eta_H N_H$ 三者之间进行分配。

根据式（2.28），替换式（2.16）中的 r，可得 H 国消费增长率的表达式为：

$$\frac{\dot{C}_H}{C_H} = \gamma_H = (1/\theta)\left[(L/\eta_H) \cdot A^{1/(1-a)} \cdot \left(\frac{1-a}{a}\right) \cdot a^{2/(1-a)} - \rho\right] \qquad (2.35)$$

因为 L 不变，所以上式表明在一般均衡状态中，消费增长率为常数。

设在均衡中 N_H 的增长率为常数 δ，即 $\frac{\dot{N}_H}{N_H} = \delta$，则 $\dot{N}_H = \delta \cdot N_H$，那么家户的预算约束为：

$$C_H = Y_n - X_H - \eta_H \delta \cdot N_H \tag{2.36}$$

由式（2.20）和式（2.21）可得：

$$\frac{\dot{X}_H}{X_H} = \frac{\dot{Y}_H}{Y_H} = \frac{\dot{N}_H}{N_H} = \delta \tag{2.37}$$

由于
$$\frac{\dot{C}_H}{C_H} = \frac{\dot{Y}_H - \dot{X}_H - \eta_H \delta N}{Y_H - X_H - \eta_H \delta N_H} = \frac{\delta Y_H - \delta X_H - \delta^2 \eta_H N_H}{Y_H - X_H - \eta_H \delta N_H} = \delta \tag{2.38}$$

所以 $\delta = \gamma_H$，即 H 国的技术进步率等于 H 国的消费增长率：

$$\frac{\dot{N}_H}{N_H} = \frac{\dot{C}_H}{C_H} = \gamma_H = (1/\theta) \left[(L/\eta_H) \cdot A^{1/(1-a)} \cdot \left(\frac{1-a}{a} \right) \cdot a^{2/(1-a)} - \rho \right] \tag{2.39}$$

对称的，通过上述类似的求解过程，同样可以得到 F 国在均衡中的技术进步率为：

$$\frac{\dot{N}_F}{N_F} = \frac{\dot{C}_F}{C_F} = \gamma_F = (1/\theta) \left[(L/\eta_F) \cdot A^{1/(1-a)} \cdot \left(\frac{1-a}{a} \right) \cdot a^{2/(1-a)} - \rho \right] \tag{2.40}$$

3. 政府做出战略性研发补贴的安排

式（2.39）和式（2.40）表明技术创新速度 γ 与家户偏好参数 ρ 和 θ 成反比，与生产技术水平 A 成正比。更强的储蓄意愿（更低的 ρ 和 θ）以及更好的技术水平（更大的 A），会提高技术进步率。这里，我们着重关注的是，上两式还表明技术进步率 γ 与研发成本 η 成反比。由于本模型假定 θ、L、A、a、ρ 这些参数在本国和外国是相同的，所以国内外企业技术进步率的差异性和战略依存性就集中体现在研发成本 η 上。起初本国作为技术落后国，有 $R_H < R_F$，根据前文关于研发成本性质的假定，则 $\eta_H > \eta_F$，那么 $\gamma_F > \gamma_H$。即在均衡中，由于创新国 F 拥有更丰富的创新资源，具有较低的研发成本，所以呈现出更快的技术进步率。可见，如果顺其自然，这是一种先进者愈先进，落后者愈落后的经济发散增长的情形。但是，如果 H 国政府考虑到外部经济和干中学效应，战略性地给本国企业提供数量为 S_H 的研发补贴，以降低本国企业的研发成本，使得 $(\eta_H - S_H) < \eta_F$，那么就有 $\gamma_H > \gamma_F$，H 国企业技术创新速度的提高会由于外部经济效应和干中学过程加速累积 H 国的创新资源，会降低 H 国企业技术创新的成本，当然由于国际技术溢出效应的存在，也会降低 F 国企业的研发成本，但由于国际技术溢出效应相对国内溢出效应的不完全性假定，本国从实施战略性研发补贴中获得的利益要大于外国从中得到的利益，如果 H 国连续 t_n 期战略性地对本国企业的技术创新活动给予研发补贴，使得在每一期中都有 $(\eta_H - S_H) < \eta_F$，那么在这 t_n 期都有 $\gamma_H > \gamma_F$，这样本国技术创新速度提高带来的干中学效应会大大增加本国的创新资源，最终会使得在 t_n 期末本国累积的创新资源 R_H 多于外国累积的创新资源 R_F，此时即使本国政府不在提供研发补贴，也有 $\eta_H < \eta_F$，由此本国企业的技术进步率 γ_H 将超过外国的技术进步率 γ_F，这最终将逆转本国技术水平落后 （$N_H < N_F$）的局面，使得 $N_H > N_F$，到那时 H 国企业就可以通过利用更多的中间品种类，而减少每种中间品的投入量来避免收益递减问题，这意味着本国企业掌握了更加先进的生产技术。此时 H 国企业就完成了对 F 国企业从追赶到超越的过程，H 国企业成为该领域的技术领先者。

同样的分析适用于对 F 国实施研发补贴效应的探讨。H 国和 F 国战略性研发补贴博弈的技术创新效应可以反映在如图 2 - 2 所示的支付矩阵中。

F国

		补贴	不补贴
H 国	补贴	$\gamma_H=(1/\theta)\left[\left(\dfrac{L}{\eta_H-S_H}\right)\cdot A^{1/(1-a)}\cdot\left(\dfrac{1-a}{a}\right)\cdot a^{2/(1-a)}-\rho\right]$ $\gamma_F=(1/\theta)\left[\left(\dfrac{L}{\eta_F-S_F}\right)\cdot A^{1/(1-a)}\cdot\left(\dfrac{1-a}{a}\right)\cdot a^{2/(1-a)}-\rho\right]$	$\gamma_H=(1/\theta)\left[\left(\dfrac{L}{\eta_H-S_H}\right)\cdot A^{1/(1-a)}\cdot\left(\dfrac{1-a}{a}\right)\cdot a^{2/(1-a)}-\rho\right]$ $\gamma_F=(1/\theta)\left[\left(L/\eta_F\right)\cdot A^{1/(1-a)}\cdot\left(\dfrac{1-a}{a}\right)\cdot a^{2/(1-a)}-\rho\right]$
	不补贴	$\gamma_H=(1/\theta)\left[\left(L/\eta_H\right)\cdot A^{1/(1-a)}\cdot\left(\dfrac{1-a}{a}\right)\cdot a^{2/(1-a)}-\rho\right]$ $\gamma_F=(1/\theta)\left[\left(\dfrac{L}{\eta_F-S_F}\right)\cdot A^{1/(1-a)}\cdot\left(\dfrac{1-a}{a}\right)\cdot a^{2/(1-a)}-\rho\right]$	$\gamma_H=(1/\theta)\left[\left(L/\eta_H\right)\cdot A^{1/(1-a)}\cdot\left(\dfrac{1-a}{a}\right)\cdot a^{2/(1-a)}-\rho\right]$ $\gamma_F=(1/\theta)\left[\left(L/\eta_F\right)\cdot A^{1/(1-a)}\cdot\left(\dfrac{1-a}{a}\right)\cdot a^{2/(1-a)}-\rho\right]$

图 2 - 2　南北政府研发补贴博弈对企业内生技术创新的影响

在南北政府都实施战略性研发补贴的情况下，各国企业技术进步率的相对大小取决于补贴后研发成本 $\eta_H - S_H$ 与 $\eta_F - S_F$ 的对比，具有较低研发成本的国家将具有较高的技术进步率，从而将赢得技术创新的竞争优势。由于技术在国内和国外都存在溢出效应，每个国家的补贴诱致的技术创新对博弈双方都有利，只不过由于国内溢出效应大于国际溢出效应，所以实施补贴的国家从中获利更多。在传统的基于利润转移的战略性贸易政策中，一方的得益是以另一方的损失为前提的，所以往往导致"囚徒困境"的结局；而这里从外部经济视角出发，基于技术创新的战略性研发补贴政策对博弈双方都是有利的，故不会造成"囚徒困境"的局面。

2.2.3 基于技术创新的战略性贸易政策启示

本文立足 LDCs 的约束条件和产业发展目标，试图提出一个适应于发展中国家需要的战略性贸易政策理论框架。

首先，在指出 LDCs 实施战略性贸易政策的不同目的之后，考虑到技术创新活动广泛存在的外部经济和干中学效应，从理论上探讨了政府的外生战略性贸易政策安排（R&D 补贴）如何在南北博弈的背景中影响企业内生技术变革的速度，以帮助技术落后国企业赢得国际技术创新的竞争优势。这拓展了传统战略性贸易政策理论的研究领域，也丰富了内生增长理论的政策含义，为做出更加符合 LDCs 经济现实和发展使命的战略性贸易政策研究提供了一个理论基石。在后危机时代关于战略性新兴产业的国际竞争浪潮中和我国以创新驱动为基础跨越"中等收入陷阱"的新时期，基于技术创新的战略性贸易政策可以帮助我国获取技术创新和产业发展的先动优势，对我国经济发展方式转型和创新型国家的建立具有重要的意义。

其次，实施目的的不同和 WTO 的限制也导致 LDCs 关于战略性贸易政策有不同的实施手段。从 LDCs 国情出发，将贸易政策与产业政策相结合，探讨广泛的产业政策形式的战略性贸易政策手段在促进技术创新、产业发展和贸易结构改善中的作用是十分有意义的。限于篇幅，本书只探讨了战略性 R&D 补贴对帮助企业赢得技术创新博弈的作用。进一步还可研究知识产权保护强度的策略选择对吸收国际技术溢出的作用，产业集中度安排对产业国际竞争力的影响，基础研究组织模式对交易费用的影响，率先注册国际技术产业标准的战略作用等。

最后，利润转移理论认为贸易保护是占优策略，所以常常导致以邻为壑的零和博弈结果，使博弈双方陷入"囚徒困境"，故利润转移理论在理论上和在现实中都遇到很多挑战；而从外部经济理论出发，基于技术创新的战略性贸易政策建议则是正和博弈，不会造成"囚徒困境"的局面，在现实应用中所需的约束条件更为宽松（韩军，2001）。此外，基于技术创新的战略性贸易政策可以旨在占据策略竞争优势，也可以是为了抓住国际研发合作的战略机遇。以技术创新为导向，要善于竞争，也要学会合作，这才是策略博弈的艺术所在。

虽然 LDCs 的战略性贸易政策与发达国家相比在目的、手段、结果和策略实施原则上有很大不同，但必须指出的是，本书关于战略性贸易政策的研究理路与传统的利润转移理论还是一脉相承的，都旨在研究政府如何战略性地运用政策手段以在一个现实的或潜在的国际寡头市场中帮助本国企业获取博弈互动的策略优势（Spencer & Brander，2008）。

2.2.4 小结

已有关于战略性贸易政策的研究大多是从利润转移视角进行的，而本书立足 LDCs 的国情，从外部经济视角出发，将战略性贸易政策理论与内生技术增长理论相结合，构建了南北 R&D 补贴博弈与内生技术创新的理论模型，探讨了政府的战略性贸易政策如何在国际博弈背景中帮助技术落后国企业赢得技术创新的竞争优势，并在此基础上总结了适应于 LDCs 国情的战略性贸易政策在实施目的、手段、结果和策略原则上与利润转移理论的差异。这一新的研究视角更切合 LDCs 的现实约束和产业发展目标，对我国转变经济发展方式，建设创新型国家具有一定的理论价值和现实意义。

2.3 战略性贸易政策推动比较优势动态升级的理论框架

林毅夫提出的比较优势发展战略给我们的启示是，经济发展有其自身的规律，是不以人的意志为转移的，顺应这一规律才能稳步向前，否则只能多走弯路。所以，任何不顾经济规律而仅凭主观愿望的经济发展战略都注定失败，任何宣称跨越式发展的口号都值得怀疑。比较优势经济发展战略已表明违背比较优势的经济发展战略注定失败，不可能实现一国比较优势的动态升级，但遵循比较优势来发展经济也只是实现一国比较优势升级的必要条件而非充分条件，因为按照比较优势战略来发展经济能否实现一国比较优势的升级还受到很多因素的制约。发展中国家在经济增长过程中遇到的"荷兰病"、悲惨增长、不完善的市场体制以及错失先动优势等问题，使得其按照比较优势战略发展经济在实现比较优势顺利升级上面临诸多阻碍，因此需要政府的政策来保驾护航。经济发展是主客观统一的结果，在遵循客观经济发展规律的前提下发挥主观能动性方能实现经济的健康顺利发展。基于此，发展中国家在遵循比较优势经济发展战略的过程中，政府的战略性贸易政策对于比较优势动态升级的顺利实现具有重要的作用。另外，对于战略性贸易政策理论来说，它是一个缺乏要素禀赋基础的理论，因此战略性贸易政策理论中也需要引入比较优势经济发展战略理论，以弥补其不足之处。故比较优势经济发展战略和战略性贸易政策理论恰好可以优劣互补，形成一个更加完善的经济发展理论框架。所以，本课题在比较优势经济发展战略的框架下，将战略性贸易政策与我国技术创新能力的培育、高新技术产业的发展和外贸结构的升级相结合，以探讨战略性贸易政策在实现我国比较优势动态升级过程中的作用。上节已经构建了基于技术创新的战略性贸易政策理论模型，在此基础上本书提出如图 2 - 3 所示的理论框架。

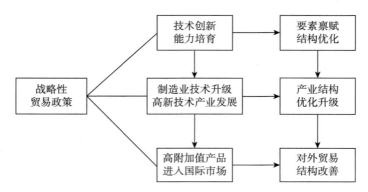

图 2 - 3　战略性贸易政策推动比较优势动态升级的理论框架

首先，在这一模型中技术创新能力的培育是核心和前提，因为它是我国产业升级和贸易结构改善的要素禀赋基础，只有拥有了高素质的创新人才和自主的知识技术产权，从根本上提升我国的自主创新能力，我国高新技术产业的发展和出口品技术含量的增加才成为可能。因此本课题研究的核心和创新在于将战略性贸易政策与技术创新相结合进行探讨。遵循比较优势经济发展战略，培育技术创新能力，避免比较优势陷阱，最终实现比较优势的动态升级。战略性贸易政策是博弈论在贸易政策领域的应用，因此在进行研究时必须将国外竞争对手的反应考虑在内。因此，基于技术创新的战略性贸易政策研究必须在遵循 WTO 规定的前提下，将国外竞争对手的反应考虑在内，探讨有利于我国技术创新能力培育的战略性贸易政策形式。本部分基于技术创新能力培育的战略性贸易政策研究是全书的核心和前提，是展开后两部分研究的基础。由于技术创新和吸收技术外溢是相互促进的，因此本部分从以下两个方面进行研究。

其一，战略性贸易政策与我国技术创新能力培育。鉴于技术创新在生产要素禀赋中的核心地位，本书在理论上，从外部经济理论出发，通过将战略性贸易政策理论与内生增长理论相结合，构建了基于技术创新的战略性贸易政策理论模型，为使用战略性贸易政策推动我国比较优势升级奠定了理论基础。

其二，战略性贸易政策与技术扩散。中国作为一个后起的发展中国家，在发展经济的过程中离不开引进国外的先进技术，从而利用好后发优势，加快技术创新进程。如何采取战略性贸易政策手段促使外国向中国加速扩散先进技术，如何利用战略性贸易政策抓住重要的合作机遇，实现与国外先进技术载体的合作，加快我国的学习和追赶速度，对于我国技术创新能力的培育和国际竞争力的提升至关重要。

其次，技术创新只有真正落实在产业发展上，才能对我国产业结构升级和对外贸易结构改善起到作用。所以，经济结构动态转型的根本途径要依赖技术创新的产业发展。高新技术产业存在的不完全竞争、规模经济和外部性特征与战略性贸易政策的理论前提相一致，使得将二者结合起来进行研究有了一定的可能性，尤其是将战略性贸易政策理论中的外部经济理论与高新技术产业发展相结合进行研究会有更大的开拓空间。

其一，技术创新只是高新技术产业发展的必要条件而非充分条件，高新技术产业发展一般要经历科技发明—商业化—产业化—产业集聚这样几个阶段，如何结合 SCM 的规定，制定合适的战略性贸易政策，推动基础研究的广泛开展，并实现技术的顺利产业化，是值得深入研究的课题。

其二，高新技术产业中具有的规模经济、不完全竞争和外部经济特征使得高新技术产业有不同于传统产业的成长规律，战略性贸易政策可以根据其特有的发展规律提供适宜的援助措施，实现高新技术产业的良好发展。

其三, 高新技术产业的国内集中度问题也十分重要, 提高高新技术产业的国内产业集中度有利于实现规模经济效率、获取国际竞争市场的策略优势, 对提升产业国际竞争力有正向作用; 但产业集中度提高带来的国内竞争的缺乏又会导致经济的静态和动态无效率。因此如何利用战略性贸易政策实现最优的产业集中度水平, 使产业的规模经济效率和竞争效率实现优化组合, 是十分重要的研究课题。中国这个转型经济体中存在的行政性地方垄断而非市场竞争所致的垄断问题, 就更值得给予特别关注。

最后, 技术创新和产业结构升级都只是贸易结构改善的必要条件, 而非充分条件。在国际竞争舞台上, 在具备比较优势的基础上, 还要占据先动优势 (first mover advantages) 才能使一国在国际贸易市场上拥有现实的贸易结构的改善, 主导高新技术产品的国际贸易市场。在高新技术产业中, 最终的比较优势的确立不再是给定的, 而是创造出来的, 那些第一个建立了高新技术产业的经济体由于拥有了规模经济优势和外部经济利益将在该领域保持比较优势, 而很难被其他后来者取代。因此解释高新技术产业的国际市场竞争, 要将比较优势理论和先动优势理论结合起来。在比较优势实现升级的前提下, 战略性贸易政策可以帮助一个国家在国际贸易市场上赢得先动优势, 从而固化国家在高新技术产品上的比较优势, 让一国对外贸易结构的提升变得更加现实和稳固。

总之, 本课题将战略性贸易政策与比较优势动态升级结合起来, 探讨战略性贸易政策在技术创新、产业发展和贸易结构改善等环节的作用, 较为系统地研究适用于发展中国家的战略性贸易政策理论。

2.4　本章小结

主流经济学的核心议题是约束下的最优化, 那么经济目标和约束条件的变异必然导致经济优化手段的差别。本章立足我国作为发展中国家的经济现实和发展使命, 提出了适应于发展中国家的战略性贸易政策理论框架。首先, 将战略性贸易政策与品种增加型内生技术变革模型相结合, 构建了基于技术创新的战略性贸易政策理论模型。考虑到技术创新存在国内和国际溢出效应, 赋予研发成本国内外相互依存的特性, 从而在南北技术创新博弈中研究了政府的战略性研发补贴政策如何在国际博弈背景中影响各国企业技术创新的速率。进而，将战略性贸易政策与比较优势经济发展战略结合起来，构建了本书的理论框架——战略性贸易政策推动比较优势升级。探讨了从要素禀赋结构改善到产业结构升级再到贸易结构优化的比较优势升级过程中，战略性贸易政策在技术创新、产业发展和外贸结构改善三个关键阶段可以起到的重要作用。本书后面各章将围绕这一理论框架依次展开相应的理论和实证研究。

3 外部经济效应与战略性研发
补贴效率的实证分析

引　言

　　改革开放近 40 年来，我国政府的财政科技拨款已经由 1980 年的 55.7 亿元提高到 2008 年的 151.3 亿元。[①] 但从相对比重上来看，国家财政科技拨款占 GDP 的比重却由 1980 年的 1.42% 下降到 1995 年的历史最低点 0.5%，随后又缓慢回升到 2008 年 0.82% 的水平；此外，国家科技拨款占国家财政总支出的比重也呈现出比较明显的下降趋势，从 1980 年的 5.26% 下降到 2008 年的 4.12%。但随着《国家中长期科技发展规划纲要 2006—2020》（以下简称《纲要》）的发布，我国制定了以增强自主创新能力为主线，以建设创新型国家为奋斗目标的科技发展规划。预计在未来一段时期内，我国将加大对科技创新的扶持力度，国家财政科技拨款不管是绝对水平还是相对水平都会有一个比较大的上升幅度。但是如果只注重增加财政科技拨款的数量，而不注重提高每笔科技拨款的使用效率，采用粗放式的扶持政策必定会降低公共资金促进技术创新的效果。《纲要》也专用一节提到要"调整和优化投入结构，提高科技经费使用效益"。因此，研究如何提高国家科技资助经费的使用效率，使每笔公共补贴资金都用在适当的地方，从而起到良好的促进技术创新的作用，对我国建设创新型国家具有十分重要的现实意义。我们认为，要对如何提高政府战略性研发补贴的使用效率进

---

　　① 　所列数据已经根据以 1978 年为基期的国内生产总值指数进行了通胀调整。

行研究，一个首要的任务就是弄清政府战略性研发补贴促进技术创新的内在作用机制，这包括两个问题：第一，政府战略性研发补贴促进技术创新的渠道有哪些，每个渠道的效率怎样；第二，政府战略性研发补贴对技术创新的促进作用受到哪些外在因素的影响。

关于我国公共研发政策效果的实证和理论研究已有一些，如朱平芳、徐伟民（2003）考察了上海市政府的科技激励政策对企业自筹 R&D 投入及其专利产出的影响，发现拨款资助和税收减免这两个政策工具对企业增加自筹研发投入均具有积极效果；邢菲等（2009）利用地区层面企业数据进行的系统 GMM 实证研究表明，我国政府的直接资助政策对私人研发的长期效应不显著，而短期存在显著的负效应；樊琦、韩民春（2011）对我国政府 R&D 投入、市场竞争与自主创新之间的关系进行了实证研究，发现我国政府科技 R&D 投入政策可以促进企业的自主创新，但其效果会受到市场竞争程度的影响；柳卸林、何郁冰（2011）的理论分析表明中国研发投入在基础研究、应用研究和实验发展上的比例失调以及企业基础研究占国家基础研究和企业研发投入的比例过低是造成我国科技投入不断增加但产业吸收能力不强，自主创新能力薄弱的根源，支持企业加强产业驱动型基础研究是提升我国产业核心技术创新能力的关键。上述研究的结论存在较大差异，且一般要么只对相关变量间的关系进行实证分析，要么只进行理论阐述，而尚未对政府战略性研发补贴与技术创新间的内在作用机制进行细致的理论和实证分析。本章通过把吸收能力、产业集聚这两个对战略性研发补贴效率有重要意义的因素纳入考虑范围，建立了政府战略性研发补贴促进技术创新的内在作用机制理论框架，随后围绕这一内在理论机制展开了实证分析，最后给出了提高我国政府战略性研发补贴利用效率的政策建议。

3.1 理论分析框架构建与实证问题提出

3.1.1 政府战略性研发补贴的落实情况与其效率

政府从事公共研发或对有些私人创新活动给予补贴在经济理论上最合

理的原因是这些创新活动具有外部性（如基础研究）①，由市场自然引致的创新少于社会所需的最优水平，因此通过政府补贴可以弥补纯粹市场激励的不足，从而促进技术创新活动的广泛开展（Nelson，1959；Arrow，1962）。然而，在现实中，公共补贴资金是否落实在了溢出效应大的研发项目上会受到以下因素的影响：首先，政府对补贴资金的利用理念，即是否认识到公共补贴资金应该用在外部性大的项目上，会影响其分配情况；其次，信息不对称的存在会影响政府对待补贴研发项目外部性大小的辨别，进而将影响补贴资金的择优分配情况；最后，即使政府初始将补贴给予了外部性大的研发项目，由于存在委托代理问题和高昂的监督费用，政府在阻止受补贴者将公共补贴资金挪用到私人价值高而溢出效应小的项目上来的能力将影响补贴资金的落实情况。所以，不可避免的，最终公共补贴资金有一部分落实在了具有外部性的研发活动中，而另一部分则用在了没有外部性的研发项目上。政府战略性研发补贴的这两种使用情形将产生截然不同的效率。当政府战略性研发补贴用在外部性较大的研发项目上时，不但会激励受补贴者增加创新活动，还会使相关创新者从该项目的技术溢出中获益，从而激励更大范围的创新者加大研发投入力度。此时，政府战略性研发补贴将对私人研发投资起到杠杆激励作用，技术创新速度得以加快；而当政府战略性研发补贴用在外部性很小或没有外部性的研发项目上时，研发补贴通过降低受补贴者的研发成本而直接影响技术创新，容易造成政府战略性研发补贴对私人研发投资的替代或导致创新资源的误配②，受补贴者从中得益，但由于研发项目溢出效应小，对其他创新者的惠及效应有限，故无法激励更多创新者加大研发投入力度。由此，政府战略性研发补

---

① 当然，政府也会因为其他考虑而对企业研发行为给予补贴，如基于利润转移动机，由于研发补贴可获得重要的战略性贸易政策效应，从而可能使本国企业在国际市场上占据策略优势地位。但是，战略性研发补贴政策的成功实施面临诸多信息约束，且容易遭到对方的报复使博弈双方陷入"囚徒困境"的局面，所以其效果十分可疑；此外，当创新者面临金融约束时，政府提供资助有一定帮助，但此时最有效的办法还是完善金融市场。

② 当一个研发项目没有外部性时，市场配置是有效的，政府补贴只会带来无效率。如果该项目有利可图，依靠市场激励，自然会有创新者从事它，此时政府若再提供补贴只会替代私人投资，但该笔补贴资金本可以用在更加恰当的地方，所以机会成本很高；如果该项目无利可图，那么从社会角度来看它也是不值得从事的，若此时政府提供研发补贴使得该项目变得有利可图，只会造成补贴资金的浪费。

贴对私人创新投入的杠杆激励作用难以发挥，技术创新速度也不会加快。

政府战略性研发补贴的效率体现为通过激发外部经济效应以对私人研发投资起到杠杆激励作用并培养企业可持续创新的能力，从而加快整个经济技术创新的步伐。由以上论述可见，政府战略性研发补贴的效率首先由其在有外部性和无外部性研发项目上的落实情况决定；除此之外，它还受到后续技术扩散效应大小的重要影响。因为，一般来说，一项技术创新本身对经济的影响是有限的，只有借助于扩散，才能使既定研发补贴诱致的潜在外部利益最大限度地发挥出来（于晓媛、陈柳钦，2007），从而激励创新活动在更大范围内进行（杠杆作用更大），产业的技术创新便得以加快。然而，技术扩散不是无条件发生的，它受到许多因素的制约（Pavitt，2001；Callon，1994），微观企业的吸收能力和产业的区域集聚水平便是两个重要的影响技术扩散程度的因素。吸收能力水平对企业获得技术溢出起着十分关键的作用，是企业自主创新能力必不可少的部分；产业集聚程度是影响技术溢出的重要因素，也会通过降低企业间相互学习的交易费用而提高企业的吸收能力。本章集中考察吸收能力和产业集聚这两个因素对政府战略性研发补贴效率的作用。

3.1.2　企业吸收能力与政府战略性研发补贴的效率

吸收能力（Absorptive Capacity）最先由 Cohen 和 Levinthal（1990）提出，是指识别、获取、消化和应用外部知识于商业目的的能力。吸收能力理论十分重视企业外部资源，特别强调企业消化、学习外部知识的能力是在动态环境中占有独特资源，并保持竞争优势的关键所在（张龙、刘洪，2002）。吸收能力强弱对知识溢出效应大小有着重要的影响，这一点在 FDI 作为国际技术扩散渠道的研究中已经得到了广泛验证，Globerman（1979）、Imbriani 和 Reganati（1997）、Branstetter（2001）等的实证研究发现流入发达国家的 FDI 对东道国企业普遍存在技术外溢效应；然而，Haksar（1995）、Kokko 等（1996）、Sjoholm（1999）、Aitken 和 Harrison（1999）等对发展中国家作为 FDI 目的地的实证检验则表明 FDI 的技术外溢效应难以得到一致性的结论，一个重要的原因就是发达国家和发展中国家在吸收能力上的差异导致了技术外溢效果的不同，这一点也为 Cantwell（1989）、Keller（2001）、Griffith（2004）等的实证研究所证实。

在一国某产业里不同企业间的技术溢出与国家间的技术外溢存在相同之

处，同样会受到企业吸收能力的影响。吸收能力是知识经济时代企业自主创新能力必不可少的组成部分，对企业在动态变革环境中获取外部资源起着决定性的作用。然而，学习外部知识绝不能代替自主研发，因为吸收能力是在企业进行自主技术创新的实践和努力中通过干中学过程逐步形成的，获取和学习外部知识的前提条件在于企业内部的知识基础和技能资源，故企业吸收能力水平与企业的研发投入力度呈正相关（Cohen & Levinthal，1989；Jones & Graven，2001），企业吸收能力与自主创新能力是协同促进的。这样，当政府战略性研发补贴用在溢出效应大的研发活动中时，在激励创新者开展更多研发活动的同时，还会得到一个副产品——企业吸收能力的提高，这有利于技术创新成果的扩散，从而更好地发挥政府战略性研发补贴的杠杆作用，也有利于提高企业的自主创新能力。此外，这也正体现了我国建设以企业为主体、以市场为导向的国家创新体系的发展思路；相反，当研发补贴用在溢出效应小的项目上时，不但不利于激励企业加大研发力度，也不利于促进企业吸收能力的提升，这会阻碍技术扩散达到良好效果，也不利于企业自主创新能力的培养。

由此，根据政府战略性研发补贴的利用情况对促进企业吸收能力的不同效果，可以把政府战略性研发补贴对技术创新的作用渠道分为两种。第一，效率高的外部经济渠道。当政府战略性研发补贴用在外部性大的研发项目上时，研发补贴会通过提高企业的吸收能力而间接促进技术创新。第二，效率低的直接渠道。当研发补贴用在无外部性的项目上时，研发补贴未能提高企业的吸收能力，而是直接作用于技术创新。然而，在现实中，我国政府战略性研发补贴到底是通过低效率的直接渠道，还是通过高效率的经由吸收能力中介作用的外部经济渠道发挥作用？如果两种渠道都起作用，各自的作用大小又是多少？这些问题可以借助对吸收能力的中介效应的实证分析方法来予以回答，实证研究部分再做详细介绍。此外，在得到了上述两个问题的实证结论后，我们可以反过来推测政府战略性补贴资金在有外部性研发活动和无外部性活动上的大致分配情况，从而对我国政府战略性研发补贴利用效率的现状有所了解并对如何改善它提供一些启示。

3.1.3　产业集聚与政府战略性研发补贴的效率

因为技术扩散可以放大研发补贴的杠杆激励作用，所以政府战略性研发补贴的效率受到技术扩散程度的影响。除上述的企业吸收能力以外，产业集聚（Industrial Agglomeration）水平是影响技术扩散效果的另一个重要因素。早在一个世纪之前，马歇尔（Alfred Marshall）便在其《经济学原理》中阐述了产业集聚区的三大利益：本地化具有专门技能的丰富劳动力市场的形成、专业化辅助行业的发展以及生产技能和专业化知识的外溢效应。在论述产业集聚区对知识外溢效应的良好作用时，马歇尔曾这样写道："从事同样的需要技能的行业的人，互相从邻近的地方所得到的利益是很大的。在这里，行业秘密不再是秘密，似乎是散发在空气中的一样，连孩子们都不知不觉学到很多。优良的工作得到正确的赏识，机械上以及制造方法和企业的一般组织上的发明和改良之成绩，得到迅速的研究：如果一个人有了一种新思想，就为别人所采纳，并很快与别人的意见相结合，因此，它就成为更新的思想之源泉。"此外，波特（Michael Porter）在《国家竞争优势》一书中论述产业集群对获取竞争优势的重要作用时也提到一个公司的许多竞争优势不是由公司内部决定的，而是源于公司之外，也即源于公司所在的地域和产业集群，产业集群的空间临近性，供给技术联系和人际关系使得市场、技术和其他专业化知识能够更好地传播和积累；产业集群有利于判定创新需求，降低参与者获取信息的成本，能更迅速地将创新机会转化为战略优势，从而导致创新的加快。虽然马歇尔的产业区（industrial districts）概念和波特的产业集群（industrial clusters）概念在内涵上存在很大差异[①]，但二者都认为产业在一定地域内的聚集和融合使得企业间相互学习和交流的交易费用大大降低，这有利于企业最大限度地获取技术外溢，从而使技术创新得以加快。

综上所述，政府战略性研发补贴的效率与技术扩散程度呈正相关，而技术扩散程度与产业的区域集聚水平呈正相关，于是我们可以得到一个推论：政府战略性研发补贴的效率与产业空间集聚程度呈正相关，即当某产业的区域集聚水平提高以后，对该产业的等额研发补贴会对技术创新起到更大的促进作用。然而，在现实中，这一理论推测是否确实存在呢？这一

---

① 马歇尔的产业区是由大量同类型的小企业在特定地区的集中而形成的；而波特的产业集群概念则要宽泛得多，它是指在某一特定区域下的一个特别领域存在一群相互关联的公司、供应商、关联产业和专门化的制度和协会。产业集群不是特定产业在特定城区的集中，而是一定地域范围内多个产业的相互融合以及众多类型机构相互联系的共生体。

问题可以通过对产业集聚的调节效应实证分析方法进行判断，实证研究部分再做详细介绍。

本节构建的理论分析框架可以清晰地反映在图 3 – 1 中。

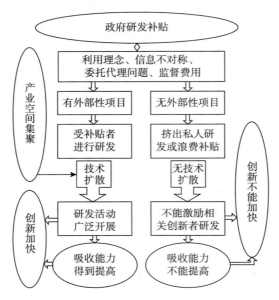

图 3 – 1　政府战略性研发补贴促进技术创新的内在理论机制

3.2　实证研究方法设计

本节和下节将运用计量经济学中的中介效应模型、调节效应模型和有中介的调节效应模型对第二节阐述的理论和提出的问题展开实证研究。我们选取的研究对象为我国制造业门类中的 14 个大类行业①，时间跨度为

---

① 我国制造业门类（C）下共有 30 个行业，本书选取的 14 个行业分别是：烟草制品业 C16、纺织业 C17、造纸及纸制品业 C22、石油加工炼焦及核燃料加工业 C25、化学原料及化学制品制造业 C26、医药制造业 C27、化学纤维制造业 C28、非金属矿物制品业 C31、黑色金属冶炼及压延加工业 C32、有色金属冶炼及压延加工业 C33、金属制品业 C34、通用设备制造业 C35、专用设备制造业 C36、交通运输设备制造业 C37。之所以选这 14 个行业是为了保持统计口径的一致性。从 2003 年开始，《中国工业经济统计年鉴》的国民经济行业分类体系由 GB/T4754—94 改变为 GB/T4754—2002，许多行业的分类标准发生了变化，但本书选取的这 14 个行业的分类标准在新旧行业分类体系中基本保持了一致。

2001～2008 年，涉及吸收能力、产业集聚、战略性研发补贴和技术创新四个变量。这里，我们先对变量的测度和数据来源加以介绍，然后对计量模型的构建进行阐述。

3.2.1 变量测度及其初步统计特征

1. 吸收能力的测度与数据来源

吸收能力概念的提出者 Cohen 和 Levinthal（1989）认为企业的研发投入有两种功能：直接促进技术进步和增强企业获取、吸收外部技术溢出的能力。Jonse 和 Grayen（2001）的研究也表明，研发投入对大企业提高吸收能力至关重要。吸收能力是企业在利用内外部资源进行技术创新的努力和实践中通过干中学过程形成的，它与企业的研发投入力度呈正相关。虽然在实证研究中，学者们对于选取什么变量来测度企业吸收能力存在分歧，但大家都认同企业的知识基础和努力强度对企业吸收能力的重要性，所以在实证研究中得到较多采纳的用来度量企业吸收能力的指标是研发强度[①]（R&D intensity），即企业的研发投入占其销售收入的份额，因为这一指标能较好地反映企业的创新投入和力主创新的努力程度。此外，本章引入吸收能力这个中介变量主要是为了实证分析我国政府战略性研发补贴通过外部经济渠道和直接渠道促进技术创新各自作用的大小，进而对我国研发补贴的利用效率进行考察。根据前文关于政府战略性研发补贴分配状况与其杠杆作用和企业吸收能力之间关系的理论分析，用企业研发强度来度量吸收能力不仅符合吸收能力概念的内涵，也很好地保持了理论分析与实证研究的逻辑一致性。本章是以制造业的各行业为研究对象的，而行业是由生产同类产品或服务的企业所组成的，故关于企业吸收能力的分析和度量很容易扩展到行业上来。相应的，我们用 14 个制造行业历年科技活动经费占产品销售收入的比重来度量各行业的吸收能力。所需数据来自《中国科技统计年鉴》（2002～2009 年）对大中型工业企业的统计。

---

① 吸收能力理论的提出者 Cohen 和 Levinthal（1990）在其初始研究中用研发强度来表示企业的吸收能力；随后，G. N. Stock 等（2001）用研发强度来度量企业的吸收能力；Jones 和 Grayen（2001）用研发强度和劳动生产率来度量；George 等（2001）用研发强度和专利数来度量。

2. 产业区域集聚的测度与数据来源

产业空间集聚水平的测度有很多方法，如区域集中度指数、区域赫希曼-赫芬达尔指数（HHI）、空间基尼系数、熵指数和地理集聚指数等（彭耿、刘芳，2010），这些测量产业空间集聚水平的方法大都借鉴了从市场结构角度测量产业集中的思路。[1] 考虑到度量的准确性和数据的可得性，本章采用区域 HHI 来度量我国制造行业的空间集聚程度，因为区域 HHI 用到了特定产业某项经济指标在所有区域的分布数据，能很好地反映产业的区域集聚水平，而且计算我国制造业 HHI 所需的数据易于获得。特定产业区域 HHI 指数的计算公式为：

$$HHI = \sum_{i=1}^{n} S_i^2 \qquad S_i = X_i / \sum_{i=1}^{n} X_i \qquad (3.1)$$

其中，X_i 表示第 i 个地区（本章指第 i 个省）某特定产业的工业销售产值、职工人数或资产总额（本章选取的是工业销售产值）等经济指标值，S_i 表示第 i 个省该产业的工业销售产值占全国工业销售总产值的份额，n 表示销售该产业产品的地区总数。[2] 根据 HHI 的计算公式，可计算出我国 14 个制造行业[3] 2001~2008 年区域 HHI 数据（详见第 4 章表 4-1）。

3. 政府战略性研发补贴和技术创新的测度与数据来源

本章采用分行业"科技活动经费筹集总额"中的"政府资金"部分来

---

[1] 但需要指出的是，从地理空间角度来度量产业的集聚水平与从市场结构角度来衡量产业的集中程度是两个完全不同的概念，前者旨在反映不同产业的地域分布状况，以考察地域经济发展的差异和外部经济的效果，而后者反映的则是市场的竞争和垄断关系，以考察市场的行为和绩效，两者之间没有必然的联系。

[2] 若令 $\overline{X} = \dfrac{1}{n}\sum_{i=1}^{n} X_i$，则该产业工业销售产值地区分布的方差为：

$$\sigma^2 = \frac{1}{n}\sum_{i=1}^{n}(X_i - \overline{X})^2 = \frac{1}{n}\sum_{i=1}^{n} X_i^2 - \overline{X}^2$$

令 $c^2 = \sigma^2/\overline{X}^2 = \dfrac{1}{n}\sum_{i=1}^{n}\dfrac{X_i^2}{\overline{X}^2} - 1$，故 $HHI = \dfrac{c^2+1}{n}$，由此可以清晰地看出，HHI 与产业的地区分布数成反比，与产业工业销售产值区域分布的离散程度成正比，故 HHI 较好地度量了产业的空间集聚水平。

[3] 14 个制造行业指的是：烟草制品业 C16、纺织业 C17、造纸业 C22、石油加工业 C25、化学原料及化学制品制造业 C26、医药制造业 C27、化学纤维制造业 C28、非金属矿物制品业 C31、黑色金属加工业 C32、有色金属加工业 C33、金属制品业 C34、通用设备制造业 C35、专用设备制造业 C36、交通运输设备制造业 C37。

度量政府每年对各行业的政府战略性研发补贴额。根据《中国科技统计年鉴》的解释，政府资金指标是指每年相应行业从各级政府部门获得的计划用于科技活动的经费，包括科学事业费、科技三项费、科研基建费、科学基金、教育等部门事业费中计划用于科技活动的经费以及政府部门预算外资金中计划用于科技活动的经费等，故用政府资金来度量政府对各行业的研发补贴是合理的。按照惯例，技术创新用每年各行业的发明专利数量来衡量。所需"政府资金"和发明专利数据来自《中国科技统计年鉴》（2002～2009年）和《中国经济普查年鉴》（2004年、2008年）分行业大中型工业企业的相应数据。

4. 变量初步统计特征

表 3 - 1 和表 3 - 2 分别从变量描述性统计和相关系数角度呈现了数据的初步统计特征，报告了本章涉及变量的面板总体（Overall）基本统计信息。

表 3 - 1　变量描述性统计与多重共线性检验

变量	样本量	均值	标准差	最小值	最大值	偏度	峰度	50% 分位数	VIF
AC	112.00	1.64	0.82	0.30	3.60	0.23	2.15	1.55	1.20
R&D	112.00	3778.50	6620.80	53.60	39914.05	3.33	14.85	1435.63	1.27
IA	112.00	0.10	0.04	0.05	0.26	2.01	7.36	0.08	1.07
TI	112.00	603.62	831.79	16.00	4389.00	2.68	10.97	272.50	—

表 3 - 2　变量相关系数矩阵

变量	AC	R&D	IA	TI
AC	1			
R&D	0.41	1		
IA	- 0.12	- 0.25	1	
TI	0.32	0.46	- 0.2	1

此外，考虑到本文选取的自变量有可能存在多重共线性问题，故在表 3 - 1 最后一列报告了各个自变量的方差膨胀因子（VIF），以检验共线性问题。从检验结果来看，Max（VIF）= 1.27，远小于 10，平均 VIF 也仅为 1.18，故依据经验法则不必担心本章变量间存在的多重共线性问题。

3.2.2　计量模型构建

在计量经济学中，如果自变量 X 通过变量 M 来影响因变量 Y，则称 M 为中介变量（mediator）；如果因变量 Y 与自变量 X 之间关系的方向（正负）和强弱受到第三个变量 M 的影响，则称 M 为调节变量（moderator）（温忠麟等，2005）。中介效应分析和调节效应分析及其结合是研究变量间复杂内在机制关系的有力工具，这些分析方法在心理学和管理学文献中已有广泛运用，对于本章研究的经济问题，这些方法也非常适用。

1. 中介效应分析方法

前文的理论分析已预设吸收能力是政府战略性研发补贴与技术创新之间关系的中介变量，借助中介效应分析方法可以对直接渠道和间接的外部经济渠道作用的存在性和各自大小进行定量分析。关于吸收能力（AC）对政府战略性研发补贴（$R\&Ds$）与技术创新（TI）之间关系的中介效应分析可以反映在图 3 - 2 和相应的方程式中。

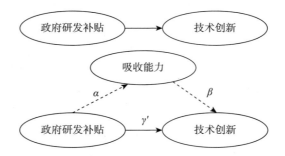

图 3 - 2　吸收能力的中介效应分析

$$TI = \gamma \cdot R\&Ds + u_1 \qquad\qquad (3.2)$$

$$AC = \alpha \cdot R\&Ds + u_2 \qquad\qquad (3.3)$$

$$TI = \gamma' \cdot R\&Ds + \beta \cdot AC u_3 \qquad\qquad (3.4)$$

中介效应的估计是通过对式（3.2）~（3.4）[①] 依次做回归分析，从而得出系数 $\gamma, \alpha, \beta, \gamma'$ 的估计值来实现的。其中，γ 反映的是政府战略性研发补

[①]　由于在进行中介效应和调节效应分析时，通常要先将变量标准化，假设方程中的变量都已经标准化了，所以此处未加截距。

贴 *R&Ds* 对技术创新 *TI* 总效应的大小，α，β 反映的是经过吸收能力 *AC* 的中介效应的大小，γ' 反映的是直接效应的大小。Mackinnon，Warsi 和 Dwyer（1995）已证明，当模型中只有一个中介变量时（这正是本章涉及的情形），效应之间有如下关系：

$$\gamma = \gamma' + \alpha \cdot \beta \qquad (3.5)$$

这也分别对应着研发补贴促进技术创新的两种渠道：γ' 反映的是通过直接渠道作用的大小；$\alpha \cdot \beta$ 反映的是经过外部经济渠道作用的大小，而 $q = \alpha \cdot \beta / (\alpha \cdot \beta + \gamma')$ 则反映了吸收能力中介效应的相对大小以及研发补贴通过外部经济渠道起作用的程度。由于 $\alpha \cdot \beta = \gamma - \gamma'$ 反映了中介效应的大小，所以中介效应检验就围绕着 $\alpha \cdot \beta$ 展开。在系数 γ 显著的前提下，才能考虑 *AC* 的中介效应。首先，通过对 $\alpha \cdot \beta$ 的显著性检验可以判断中介效应是否存在。如果 $\alpha \cdot \beta$ 显著，则中介效应存在（此时 $0 < q \leqslant 1$）；否则，中介效应不存在（此时 $q = 0$）。其次，当中介效应存在时，通过检验系数 γ' 的显著性可以进一步判断是完全中介效应（若 γ' 不显著，$q = 1$）还是部分中介效应（若 γ' 显著，$0 < q < 1$）。$\gamma, \alpha, \beta, \gamma'$ 各自的显著性都可以用通常的 *t* 检验来判别。当 α 和 β 都显著时，$\alpha \cdot \beta$ 也显著；但是，当 α 和 β 至少有一个不显著时，$\alpha \cdot \beta$ 的显著性需要进一步检验才能得出。对于这种情况，Sobel（1982，1988）构造了一个 Z 统计量用来检验 $\alpha \cdot \beta$ 的显著性。Sobel 检验由于涉及参数乘积的分布，即使作为总体的自变量、中介变量和因变量都是正态分布，并且是大样本，统计量 Z 还是可能与标准正态分布有很大不同，但 MacKinnon 等人（2002）已用蒙特卡罗法模拟出了 Z 统计量的临界值。[①] 温忠麟等（2004）总结了已有的各种中介效应检验方法，提出了一个系统的中介效应检验程序。鉴于该检验程序的第一类和第二类错误率之和通常比单一检验方法小，所以本章对吸收能力中介效应的检验遵循该程序。

2. 调节效应分析方法

前文的理论分析还推测产业集聚是研发补贴对技术创新作用的调节变量，利用调节效应分析方法可以对产业集聚调节作用的存在性和大小进行定

---

① 该临界值表可从 http://www.public.asu.edu/~davidpm/ripl/mediate.htm 下载。在临界值表中，显著性水平 0.05 对应的临界值是 0.97（而非标准正态分布下的 1.96）。

量分析。产业空间集聚（*IA*）对政府战略性研发补贴（*R&Ds*）与技术创新（*TI*）之间关系的调节效应分析可以反映在图 3 – 3 和式（3.6）中。

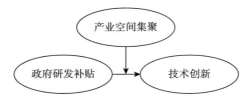

图 3 – 3　产业空间集聚的调节效应分析

$$TI = \eta + \varphi \cdot R\&Ds + \omega \cdot IA + \xi \cdot (R\&Ds + IA) + u_4 \qquad (3.6)$$

从统计分析角度看，调节效应和交互效应可以说是一样的；但在实际应用中，交互效应分析中两个自变量的地位可以是对称的，而在调节效应分析中，自变量和调节变量的地位已由学科知识的先验理论做出明确的界定。[①] 式（3.6）[②] 可重写为：

$$TI = (\eta + \omega \cdot IA) + (\varphi + \zeta \cdot IA) \cdot R\&Ds + u_4 \qquad (3.7)$$

当 *IA* 一定时，这是 *TI* 对 *R&Ds* 的直线回归。而 *IA* 的变化会引起截距（$\eta + \omega \cdot IA$）和斜率（$\varphi + \zeta \cdot IA$）的变化，表明对于不同的产业集聚水平，政府战略性研发补贴对技术创新的作用存在差异。系数 ζ 衡量了产业集聚 *IA* 的调节效应的大小，所以对 *IA* 调节效应的分析主要是估计和检验交互项 *R&Ds · IA* 的系数 ζ。若 ζ 显著，表明 *IA* 的调节效应存在；否则，*IA* 没有调节效应。

3. 有中介的调节效应分析方法

前面两部分在研究政府战略性研发补贴与技术创新之间的内在作用机制时，对吸收能力的中介效应分析和对产业集聚的调节效应分析都是单独进行的，这是因为纯粹的中介效应和调节效应分析只能处理三个变量之间的关系。然而在现实中，吸收能力和产业集聚是同时、联合地对研发补贴的技术创新效果起作用的，因此一个很自然的拓展就是将前面两部分的分

[①] 如本书已经根据经济理论的知识界定了研发补贴 *R&Ds* 为自变量，产业集聚水平 *IA* 为调节变量。

[②] 模型中的变量都已标准化，但保留截距的原因是，即使 *R&Ds* 和 *IA* 的均值都为 0，除非已知 *R&Ds* 和 *IA* 不相关，否则均值一般说来也不是 0。

析整合在一个一般模型中进行研究，以使模型的设定更加符合经济现实，这可以通过有中介的调节（mediated moderation）模型来实现（温忠麟等，2006）。将前面两部分整合在一起建立的有中介的调节效应模型可以反映在图 3 – 4 和式（3.8）~（3.10）中。

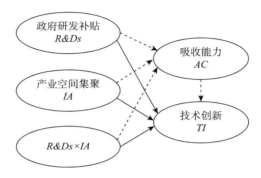

图 3 – 4　有中介的调节效应分析

$$TI = \eta + \varphi \cdot R\&Ds + \omega \cdot IA + \xi \cdot (R\&Ds \cdot IA) + u_4 \qquad (3.8)$$

$$AC + a_1 + a_2 \cdot R\&Ds + \alpha_3 \cdot IA + \alpha_4 (R\&Ds \cdot IA) + u_5 \qquad (3.9)$$

$$TI = \beta_1 + \beta_2 \cdot R\&Ds + \beta_3 \cdot IA + \beta_4 \cdot (R\&D_s \cdot IA) + \beta_5 \cdot AC + u_6 \qquad (3.10)$$

图 3 – 4 表明 $R\&Ds$，IA 以及二者的交互项 $R\&D \cdot IA$ 一方面会直接促进技术创新（图中用实线箭头表示），另一方面它们也会通过吸收能力这一中介变量而间接促进技术创新（图中用虚线箭头表示）。通过依次对式（3.8）~（3.10）进行回归可以实现对上述经济变量间复杂机制关系的估计，而相应系数显著性的检验则给出了这些经济关系是否存在的判断。在这个有中介的调节效应模型中，$R\&Ds$，IA 以及二者的交互项 $R\&Ds \times IA$ 都是自变量，而 AC 仍是中介变量，IA 的调节效应和 AC 的中介效应检验依然按照前文已经提出的检验程序进行，此处不再赘述。

3.3　实证分析结果及其解释

利用我国 14 个制造行业 2001 ~ 2008 年的面板数据，借助 Eviews 6.0 对上节构建的 6 个方程式进行了估计。为消除通胀因素对政府战略性研发补贴支出的影响，根据以 1978 年为基期的国内生产总值指数对历年研发补贴支出进行了通胀调整。此外，为适应中介效应、调节效应和有中介的调节效应分析的需要，对各变量进行了标准化处理。由于本章的焦点在于研究我国政府战略性研发补贴对技术创新的内在作用机制，探究我国政府战略性研发补贴效率的现状和影响因素，采用面板数据的动机在于扩大样本容量和增加回归元之间的变异，以捕获更丰富、更准确的关于这一影响机制的信息，而非为了考察不同个体间的异质性，故我们对方程式进行的是混合回归，但考虑到不同截面数据间可能存在的异方差问题，在回归时进行了截面加权（cross section weights），以对截面数据间的精度差异进行调整。利用混合的广义最小二乘法（Pooled EGLS），得到如表 3－3 所示的估计结果。

表 3－3　政府战略性研发补贴对技术创新内在作用机制的实证分析结果

解释变量	中介效应估计和检验			调节效应估计和检验		有中介的调节效应估计和检验	
	模型（3.2）	模型（3.3）	模型（3.4）	模型（3.6）	模型（3.6）	模型（3.8）	模型（3.9）
C	—	—	—	0.328*** (5.33)	0.328*** (5.33)	0.204** (2.6)	0.378*** (5.11)
$R\&Ds$	0.853*** (11.21)	0.447*** (8.07)	0.6*** (5.66)	1.871*** (12.88)	1.871*** (12.88)	1.107*** (6.46)	1.785*** (10.03)
AC	—	—	0.256*** (5.58)	—	—	—	0.13*** (2.87)
IA	—	—	—	0.751*** (7.35)	0.751*** (7.35)	0.448*** (3.75)	0.728*** (6.35)
$R\&Ds \times IA$	—	—	—	1.742*** (8.02)	1.742*** (8.02)	1.054*** (4.27)	1.8*** (7.27)
观测值个数	112	112	112	112	112	112	112
$F\text{-}statistic$	—	—	304.01***	95.60***	95.60***	36.05***	129.756***
R^2	0.462	0.348	0.734	0.726	0.726	0.5	0.829

注：①系数估计值下方括号里的数字为 t 统计量；② ***、** 分别表示在 1%、5% 的水平上显著；③ "—" 表示该变量不存在于相应的模型中或没有此项统计指标。

3.3.1　吸收能力的中介效应分析结果及其解释

表 3－3 前四列给出了吸收能力的中介效应分析结果，按照温忠麟等

(2004) 提出的中介效应检验程序，通过依次检察模型（3.2）~模型（3.4）中 $\gamma, \alpha, \beta, \gamma'$ 各系数的显著性，可发现它们都是高度显著的，由此无须再做 Sobel 检验就可得出 $\alpha \cdot \beta$ 也是显著的，这表明吸收能力的中介效应存在；而且，由于系数 γ' 也显著，所以可进一步得出吸收能力的中介效应是部分中介效应。正的回归系数 γ 反映的是政府战略性研发补贴对技术创新的总促进效应，它由两部分组成：一是经由吸收能力中介效应的外部经济渠道，其大小由 $\alpha \cdot \beta$ 衡量；二是不经过吸收能力的直接渠道，其大小由 γ' 衡量。通过计算 $q = \alpha \cdot \beta / (\alpha \cdot \beta + \gamma')$ 的值可更进一步考察吸收能力中介效应或研发补贴通过外部经济渠道起作用占总效应的比重，根据估计结果计算可得 $q = 16\%$。综上，实证分析的结论是，在我国政府战略性研发补贴促进各制造行业技术创新的过程中，直接渠道和外部经济渠道的作用都是存在的，但效率较低的直接渠道作用是主要的（占到了 84%），而效率较高的外部经济渠道作用相对较小（只占到 16%）。这表明我国对各制造行业的政府战略性研发补贴有较大的份额尚未起到对私人研发投资的杠杆带动作用，进而未能起到提高各行业的企业吸收能力的作用，这不利于各行业自主创新能力的培养，也不利于企业更有效地获取技术外溢，从而阻碍了技术创新的步伐。

根据前文的理论阐述，我们推测由于已经提到的关于补贴资金的利用理念[①]，信息不对称、委托代理问题和高昂的监督费用[②]等，我国对各制造行业的研发补贴有较大份额未能最终落实在外部性较大的企业研发项目

[①]　长期以来，在科技追赶战略指导下，我国并没有树立将公共补贴资金用于支持溢出效应大的研发项目的理念，而是相反，过于强调以应用为导向，无论是政府还是企业，皆倾向于投资外部性较小的试验发展和应用研究领域，而忽视对溢出效应大、市场激励不足的基础研究的投入。但从世界各发达国家来看，政府大多是基础研究资助的主体。发达国家（如美国、日本）和一些新兴的发展中国家一直将高达 12% ~30% 的研究开发经费投入于基础研究，而中国将大量的经费投在应用研究和试验发展领域，基础研究比例一直没有突破 6%，而且起伏较大。2009 年，中国基础研究、应用研究、试验发展的投入比例为 1∶2.7∶17.6，2008 年美国的这一比例为 1∶1.3∶3.5，日本为 1∶1.7∶5.4，韩国为 1∶1.3∶4.3，跨国比较表明我国政府和企业在溢出效应大的基础研究领域的投入比重较小（柳卸林、何郁冰，2011）。

[②]　对于政府拟分配给溢出效应大的项目的那部分补贴资金，由于我国并未建立科学健全的关于待补贴企业研发项目外部性大小的评估制度和完善的对已资助企业研发项目资金使用情况的跟踪监督机制，所以也很难确保这部分资金能够最终落实在溢出效应大的研究项目上。

上，而是用在了外部性较小或无外部性的企业研发项目上，这些研发补贴仅仅给受补贴者带来了利益，却不能在更大范围内激励企业增加研发投入（由此研发补贴的杠杆作用很小），从而不利于企业通过干中学的实践过程提高吸收能力，由此造成效率低的直接渠道的作用明显而效率高的外部经济渠道难以发挥作用，从而造成政府战略性补贴总体的利用效率偏低。这里的研究虽然在分析视角和研究方法上与邢菲（2009）和柳卸林、何郁冰（2011）不同，但研究结论是可以相互印证的。

3.3.2　产业集聚的调节效应分析结果及其解释

表 3 - 3 第五列给出了产业集聚的调节效应分析结果，根据调节效应检验方法，由于模型（3.6）中交互项 $R\&Ds \times IA$ 的系数 ζ 是高度显著的，表明在我国制造业各行业中，产业空间集聚程度确实对政府战略性研发补贴的技术创新效果起着调节作用。这就是说，当某产业的空间集聚水平提高以后（横向比较或纵向比较），对该产业的等额战略性研发补贴会对技术创新起到更大的促进作用。罗勇、曹丽莉（2005）利用产业地理集聚指数和五省市集中度对我国制造行业集聚程度变动趋势的实证研究表明，从时间维度来看，我国各制造行业的集聚程度呈现出波动态势，但集聚程度的提高是主要的变动方向和发展趋势；从横截面维度来看，各制造行业的集聚水平差异明显，这些结论也通过第 4 章表 4 - 1 中各行业历年 HHI 数据得到了进一步反映，这对政府战略性研发补贴的效率有着重要的含义。例如在 2008 年，产业区域集聚水平最高的是化学纤维制造业（C28），HHI 达到 0.2612，最低的是医药制造业（C27），HHI 只有 0.0644。由表 3 - 3 模型（3.6）的估计结果可得：

$$TI = (0.328 + 0.751 \cdot IA) + (1.871 + 1.742 \cdot IA) \cdot R\&Ds$$

那么，考虑 C27 和 C28 这两个行业在 2008 年区域集聚程度的差异，政府战略性研发补贴对技术创新的不同效果可以反映在图 3 - 5 中。[①]

图 3 - 5 清晰地表明，由于化学纤维制造业（C28）比医药制造业（C27）

---

① 要先将 C27 和 C28 这两个行业的 HHI 数据标准化，然后代入表 3 - 3 模型（3.6）估计结果中的 IA，便得到两条直线的代数表达式。

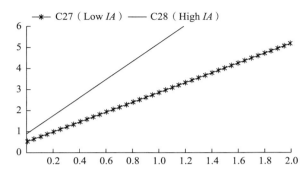

图 3 - 5　产业集聚水平对政府战略性研发补贴效率的影响

有更高的产业区域集聚水平，所以技术创新对政府战略性研发补贴的回归直线有更高的截距和斜率，表明同样数额的研发补贴在产业集聚水平较高的化学纤维制造业将更大程度地促进技术创新。[①]　产业集聚的调节效应分析结果证实了前文的理论推测。同时也表明，产业区域集聚的低水平也会成为技术扩散不畅，从而使政府战略性研发补贴利用效率低的重要原因。

3.3.3　有中介的调节效应分析结果及其解释

其实，模型（3.6）的分析已在上节完成，这里只需分析剩下两个模型就可完成有中介的调节效应分析。根据表 3 - 3 后三列的分析结果，由于所有回归系数都显著，表明图 3 - 4 中每个箭头所示的关系都是存在的，作为中介变量的吸收能力在政府战略性研发补贴、产业集聚以及二者的联合对技术创新的作用中都发挥着部分中介效应，即政府战略性研发补贴、产业集聚以及二者的联合作用除了直接促进技术创新外，还部分通过吸收能力的中介作用而促进技术创新。这个一般模型进一步证实了前面两部分的分析结论，说明吸收能力的部分中介效应以及产业集聚的调节效应确实存在。

一个值得强调的实证结论是，分析结果表明产业空间集聚会促进企业吸收能力的提高和技术创新的加快，这一结果也可以根据前文的理论得到很好的解释。同类产业在特定区域的集聚使得企业之间关于思想交流、信

---

① 本书的实证结论也表明，当一个特定产业的区域集聚水平提高时，对该产业的研发补贴也将更好地起到促进技术创新的作用。

息传递以及技术学习的交易费用大大降低，这让知识溢出变得更加容易和充分，企业获得了更多的外部经济利益。在这样一种环境里，企业从事技术创新的成本降低了，研发成功的概率却提高了，由此技术创新的速度就加快了，所有这些又会激励企业更多地进行研发活动，于是企业吸收能力便在干中学的累积实践过程中稳步提高。

3.4　研究结论与政策建议

本章对政府战略性研发补贴促进技术创新内在作用机制的理论分析和在理论指导下以我国 14 个制造行业为考察对象的实证研究，旨在为提高我国财政科技经费利用效率的政策探讨提供一些思考。虽然本章只考察了影响战略性研发补贴效率的很少几个变量——中介变量吸收能力和调节变量产业集聚，而没有将更多的因素（如专利保护、人力资本、创新网络等）纳入，但对本章所关心的政府战略性研发补贴效率问题已进行了较全面的分析。实证研究表明我国对各制造行业的研发补贴有较大份额未能起到提高企业吸收能力的作用，这不利于企业较好地获取技术外溢和各行业自主创新能力的培养，从而导致政府战略性研发补贴的利用效率偏低；产业空间集聚会提高政府战略性研发补贴的效率和企业的吸收能力。这些结论为提高我国战略性研发补贴利用效率的政策探讨提供了一些有意义的启示。

（1）确保将政府战略性研发补贴应用在溢出效应大的企业研发项目上是提高其利用效率的首要前提。只有这样才可能发挥战略性研发补贴的杠杆激励作用，促进企业自主创新能力的提高。当战略性研发补贴有较大份额用在了外部性很小的研发领域时，其诱致的潜在外部经济利益很有限，这使得战略性研发补贴的杠杆激励作用难以发挥，也不利于企业自主创新能力的形成，这是战略性研发补贴利用效率低的首要原因。为了确保将政府战略性补贴资金落实在溢出效应大的企业研发项目上，必须做到以下三点。首先，要转变政府战略性补贴资金的使用理念。政府的职能体现为对市场失灵领域的弥补而非替代有效的市场。政府战略性补贴资金应该支持那些社会收益高、溢出效应大而市场激励不足的私人研发项目，如产业发展必需的核心基础研究，而不是去替代市场本来就有足够激励可以产生的专有技术创新①，这样才能扭转外部性大的研发项目无人从事的公地悲剧局面。其次，必须建立科学健全的关于待补贴企业研发项目外部性大小的评估制度，并将补贴资金择优分配给溢出效应大、产业发展急需的基础共性技术领域。最后，要完善对已资助企业研发项目资金使用情况的跟踪监督机制，减少受补贴企业将政府战略性补贴资金挪用到私人价值高但溢出效应小的研发项目上的道德风险行为。

（2）进一步促进同类产业区域集聚水平的提高和关联产业的深度融合是提高我国政府战略性研发补贴利用效率的重要途径。每项技术创新本身对经济的影响都是有限的，只有借助于扩散过程，才能使潜在的作用最大限度地发挥出来，所以技术扩散平台的搭建至关重要。只有建立了完善的产学研一体化网络体系才能实现大学和科研院所的科技成果向产业的良好转化和扩散；而产业的集聚和融合则是实现企业间技术充分扩散的良好平台。当产业的区域集聚水平较低时，技术扩散的交易费用会很高，从而使战略性研发补贴诱致的潜在外部经济利益的共享变得十分困难，由此战略性研发补贴的杠杆激励作用很有限，这成为战略性研发补贴利用效率低的重要原因。此外，产业集聚有利于企业吸收能力的培养，有利于技术扩散，也有利于培养企业自主创新的能力。所以，产业区域集聚水平的提高对于效率较高的外部经济渠道作用的顺畅发挥，从而对战略性研发补贴效率的提高起着至关重要的作用。

总之，只有通过外部经济效应的充分发挥才能增大政府战略性研发补贴对私人从事技术创新的杠杆激励作用，并培养企业自主创新的能力，从而提高战略性研发补贴的利用效率。而外部经济效应能否充分发挥作用取决于政府是否将战略性研发补贴落实在了外部性较大的研发项目上以及后续技术扩散的程度。在这里，政府确保将战略性研发补贴给予外部性大的

---

① 需要指出的是，并非所有具有公共品性质的私人研发项目都需要政府给予补贴。对于那些有外部性的企业创新活动（其社会价值大于私人价值），如果其私人价值大于私人成本，企业仍有足够的激励从事该项目。科斯（1974）的观点表明，如果私人从某项具有外部性的活动中获得的私人收益足以弥补其成本，那么私人仍然愿意从事该项具有公共品性质的活动（如建造灯塔、从事基础研究等）；而对于那些社会价值大于私人成本并且大于私人价值的企业创新活动，政府补贴则是必要的。

企业研发项目是提高其利用效率的首要前提，而影响技术扩散程度的重要因素——企业吸收能力和产业区域集聚水平——对战略性研发补贴的利用效率有着重要的影响。

3.5 本章小结

为提高政府研发补贴资金的使用效率，使政府在科技创新领域发挥更大的杠杆促进作用，本章从外部经济视角出发，在对政府研发补贴促进技术创新的内在作用机制进行理论分析的基础上，利用我国 14 个制造行业的面板数据，借助中介和调节效应等内在机制分析方法，对企业吸收能力的中介效应和产业集聚的调节效应进行了定量分析，实证研究了我国研发补贴在多大程度上促进了企业吸收能力的培养以及产业集聚对提高政府研发补贴利用效率的程度。研究发现，我国研发补贴主要通过低效率的无外部经济效应的渠道发挥作用，而高效率的有外部经济效应的渠道作用偏小；此外，低产业集聚水平会制约政府研发补贴对技术创新的促进作用。综合理论分析与实证研究结果，笔者认为明确政府在科研领域的职能分工，完善补贴资金的配置机制并促进技术的良好扩散对于提高我国公共补贴资金的利用效率至关重要。

4 制造业创新能力的影响因素与战略性贸易政策启示

引　言

　　制造业是国民经济的基础，是国家综合竞争实力的重要标志，也是国家经济安全的保证（李京文、黄鲁成，2003）。经过改革开放几十年的发展，我国制造业取得了巨大的成就：在国际上，我国已成为世界工厂；在国内，制造业已成为我国国民经济的支柱产业和经济转型的基础。但我国制造业的发展是极不平衡的：凭借大量投入低成本劳动力和丰富的自然资源，我国在劳动密集型和资本密集型的制造行业或产品生产阶段取得了大发展，赢得了国际市场的竞争优势；但我国制造业的技术创新能力仍然薄弱，统计数据显示，2008年我国大中型制造业工业企业户均拥有发明专利数仅为1.2项，而开展科技活动的企业仅占全部企业的39%。由此造成我国在知识技术密集型的制造行业或产品生产阶段仍然落后，导致我国许多产品产量虽居世界第一位，但关键核心技术依赖外国，在国际劳动分工中处于低端利润环节。提高制造业的技术创新能力是实现我国经济发展方式转型和建立创新型国家的基础，也是实现我国从"世界工厂"向"创新基地"转变从而提升国际分工地位的根本所在。2008年国际金融危机发生以来，发展战略性新兴产业成为许多国家应对金融危机的重要举措，对新能源、新材料、高端装备制造等产业的发展给予了高度重视，成为未来经济发展的重要方向。而战略性新兴产业的发展必然要求以技术创新战略来驱动制造业的发展和转型，所以大力推进制造业的技术创新也是应对经济金融危机、赢得新一轮经济和科技发展制高点的关键。

创新是制造业自身发展的要求，也是不断提高国家综合经济实力的根本举措，这已在国际理论界达成共识，也为工业化国家的实践所证实。Marinescu（2000）指出：在全球经济的巨大变革中，制造业的生产能力已是第二重要的，而对多变的环境做出综合反应则是首要的。此时，创新成为新产品、新技术、全球化的发动机；Ettlie（1998）对 20 个国家 600 家耐用消费品制造商进行调查后得出结论：市场份额的增长与制造业的敏捷程度具有明显的相关性，而敏捷程度又与 R&D 强度具有明显的相关性。国内学者对技术创新的研究大多以区域为对象①，而以我国制造业各行业为研究对象的较少。李京文、黄鲁成（2003）在分析了我国制造业发展的现状和面临的国际挑战后，认为创新是我国制造业发展的根本选择，并对我国制造业创新的基本目标和战略举措进行了阐述；朱平芳、徐伟民（2005）利用零膨胀泊松回归方法对上海市大中型工业行业专利产出的滞后结构进行了实证研究；张华胜（2006）在建立我国制造业技术创新能力分析框架的基础上，利用 2002 年 R&D 资源清查所得的统计数据，通过一系列描述统计指标对我国制造业的创新能力进行了较为细致的分析。鉴于制造业技术创新对于获取竞争优势十分重要，而对此加以系统研究的文献却比较缺乏的现状，本章在理论分析的基础上，以我国 20 个制造行业为研究对象，利用面板数据分析的优势，对我国制造业技术创新的影响因素进行了深入的研究，最后提出加快制造业技术创新的战略性贸易政策建议。

4.1 制造业技术创新影响因素的理论框架与实证模型

4.1.1 知识生产函数与计量模型设定

知识生产函数（Knowledge Production Function）概念最早由 Griliches

---

① 如张昕、李廉水（2007）研究了制造业聚集产生的各类知识溢出对区域创新绩效的影响；郭国锋等（2007）基于中部 6 省份面板数据对 6 省份技术创新能力的影响因素进行了实证分析；张宗和、彭昌奇（2009）和岳鹄、康继军（2009）利用 30 省份的面板数据从不同角度对我国区域创新能力的影响因素进行了实证研究。

（1979）提出，以量度研究开发和知识溢出对生产率增长的影响。知识生产函数的基本假设是将创新过程的产出看作研发投入的函数：

$$R\&D_{output} = f(R\&D_{input}) \tag{4.1}$$

知识生产函数已成为分析知识生产和技术创新决定因素的重要理论框架，并被广泛地用来进行实证研究。一般认为，知识生产过程和实物产品生产过程遵循基本相同的投入产出规律，因此可以借助产品生产函数的形式来表述知识生产过程，如果采用柯布－道格拉斯式的生产函数来描述技术创新过程，那么就可以很方便地对技术创新与其影响因素间的数量关系展开实证研究。Jaffe（1989）认为新知识经济是企业追求的重要目标，并将其作为经费投入和人力资源投入的结果，从而对知识生产函数做了如下设定：

$$Q_i = AK_i^{\alpha} L_i^{\beta} \varepsilon_i \tag{4.2}$$

其中，Q 表示知识产出，K 表示 $R\&D$ 经费投入，L 表示科技人力资源投入，α，β 分别为 $R\&D$ 经费投入和科技人力资源投入的弹性系数，ε 为随机误差项，i 为观测单元。

知识生产函数可用于度量研发主体的投入产出效率并进而比较不同创新系统间创新效率的差异。所以，它受到国内外学者的高度关注。大量实证研究发现，知识生产函数确实存在，作为一个经验模型，它为研究技术创新的影响因素提供了良好的基础框架（郭国峰等，2007）。但是，一个显然的事实是，除了研发经费和人力资本以外，还有诸多因素也对技术创新有着至关重要的影响，比如专利保护制度、企业吸收能力、产业集聚水平、研发机构运行状况、对外贸易以及金融支持政策等。所以，本章将对知识生产函数加以拓展，以更加全面地研究我国制造业技术创新的影响因素，但限于篇幅，本章只着重考察产业集聚水平、研发机构运行状况和出口贸易对技术创新效果的影响。

科研机构是技术创新的组织保障，设立科研机构也在一定程度上反映了企业对技术创新的重视程度，常设性科研机构的存在使得企业的科技活动有一个稳定的依托（张华胜，2006），为企业的知识增长和技术开发提供了一个可积累的坚实平台，有利于企业在动态研发实践中不断提升吸收能力、创新能力和转化能力，加快企业技术创新的步伐。所以，本章将考察研发机构设立对制造业技术创新的作用。

出口贸易与技术创新之间的关系较为复杂，国际贸易理论和内生增长理论对此已经进行了较多的理论探讨，认为出口贸易与技术创新之间存在双向互动关系。本章先将出口贸易纳入知识生产函数分析框架，对我国制造业出口贸易与技术创新之间的关系进行初步研究，随后再对出口与技术创新之间的因果关系进行进一步的理论和实证研究。

综上所述，本章在 Griliches-Jaffe 知识生产函数框架的基础上，将产业集聚、研发机构设立和出口贸易这三个变量扩展进来，把技术创新过程表述为如下函数形式：

$$T_{it} = A_i K_{it}^{\alpha_i} H_{it}^{\beta_i} E_{it}^{\lambda_i} C_{it}^{\zeta_i} I_{it}^{\gamma_i} e^{\varepsilon_{it}} \qquad (4.3)$$

其中，T 是技术创新的产出；A 为常数项，是知识生产函数的余项，反映各行业技术创新能力的差异；K 为研发经费投入；H 指人力资本投入；C 指产业集聚水平；I 指各行业设立的科研机构数；E 是各行业每年出口贸易的规模；ε 为随机误差项；i 为截面观测单元；t 为时间序列。将式 (4.3) 两边同时取对数转换为对数线性模型可得：

$$LnT_{it} = \mu_i + \alpha_i \cdot LnK_{it} + \beta_i \cdot LnH_{it} + \lambda_i LnE_{it} + \zeta_i \cdot LnC_{it} + \gamma_i \cdot LnI_{it} + \varepsilon_{it} \qquad (4.4)$$

其中，$\mu_i = LnA_i = \mu + \upsilon_i$。

4.1.2 出口贸易与技术创新间的理论关系

1. 出口贸易促进技术创新的内在理论机制

（1）出口竞争效应。面对激烈的出口竞争市场，企业改进产品质量和减少生产成本的压力增大了，出口商必须通过不断地进行技术创新来保持竞争优势（李小平等，2008）；此外，在激烈的国际竞争市场中，低效的企业将被淘汰，资源得以向高效率企业转移，从而使经济资源得到更优的配置（Melitz，2002）。所有这些都会加快技术创新的步伐。

（2）"出口中学" 效应（Learning by Exporting Effect）。国外客户通常会制定比国内客户更高的质量和技术标准，并且，为了得到高质量低成本的产品，国外进口商通常会为出口商提供相关的产品设计和技术援助（李平，2006）。因此，出口者从外国消费者处获得了技术溢出：改进制造工业、产品设计和产品质量的各种建议（Grossman & Helpman，1991），于是本国出口商在"出口中学"过程中提高了技术创新能力。①

（3）资本积累效应。出口国通过初始出口所获得的贸易利得有助于为其开展创新活动提供资本支持，增强其技术创新能力。因此，技术领先国拥有一种"先动优势"，有利于其在技术创新领域获取持续性的领先优势（李平，2002）。

2. 技术创新促进出口贸易的内在理论机制

现代经济学认为，国际贸易不仅取决于各种传统要素的数量和成本，而且取决于组合传统要素的技术。技术创新不仅可以节约稀缺的经济资源，提高投入产出的效率，而且还能提高产品质量、增加品种多样性。无论是 Posner（1961）的"贸易技术差距模型"，还是 Hirsch（1965）和 Vernon（1966）的"产品生命周期理论"都认为技术创新国会生产和出口新产品，都强调发明一种新技术对一国出口贸易起到的重要作用。一国只有进行了充分有效的技术创新，才可能有新产品和新工艺，才能保持相应的比较优势和具备出口的潜力，进而将这种创新优势体现在相应产品的出口增长上。所以，技术创新是国际贸易的主要基础之一，出口国技术创新水平的提升会影响其出口贸易的流量、模式和利得（李平，2002）。

从理论分析来看，出口贸易与技术创新之间的关系存在三种可能性：技术创新促进了出口贸易，出口贸易驱动了技术创新，技术创新与出口贸易之间存在双向互动联系。那么在我国各制造行业的现实中二者之间关系的方向到底是怎样的呢？对此，我们将在下文通过面板格兰杰检验对出口贸易与技术创新间因果关系的方向进行实证分析。

4.2　制造业技术创新能力影响因素的实证分析

在知识生产函数的理论框架下，本节利用面板数据分析方法对我国制

---

① 许多研究证实了"出口中学"效应的存在，如 Aw 和 Batra（1998）对中国台湾，Pietrobelli（1998）对泰国，Bigsten 等（1999）对非洲的实证研究；Hallward-Driemeier 等（2002）也发现：潜在出口商比国内其他厂商更致力于生产力和产品质量的提高。但是，Bernard 和 Brabradford（1999）以及 Clerides（1998）的研究发现并不存在明显的"出口中学"效应。

造业技术创新的影响因素展开实证研究，选取的研究对象为我国制造业门类中的 20 个行业[①]，时间跨度为 2001～2008 年，涉及研发经费投入、研发人力投入、出口贸易、产业集聚、研发机构和技术创新六个变量。本节首先对变量测度与数据来源加以介绍，然后进行实证分析与解释。

4.2.1 变量测度及其初步统计特征

1. 产业区域集聚的度量与数据来源

为了定量研究产业集聚对技术创新的影响，首先须对我国各制造行业区域集聚的程度进行度量。产业空间集聚水平的测度有很多方法，如区域集中度指数、区域赫希曼－赫芬达尔指数（HHI）、熵指数和地理集聚指数等（彭耿、刘芳，2010），这些测量产业空间集聚水平的方法大都借鉴了从市场结构角度测量产业集中的思路。由于区域 HHI 用到了特定产业某项经济指标在所有区域的分布数据，能较好地反映产业的区域集聚水平，而且计算我国制造业 HHI 所需的数据易于获得。故本章采用区域 HHI 来度量我国制造行业的空间集聚程度。特定产业区域 HHI 指数的计算公式为：

$$HHI = \sum_{i=1}^{n} S_i^2 \qquad S_i = X_i / \sum_{i=1}^{n} X_i \qquad (4.5)$$

其中，X_i 表示第 i 个地区（本章指第 i 个省）某特定产业的工业销售产值、职工人数或资产总额等经济指标值（本章选取的是工业销售产值），S_i 表示第 i 个省该产业的工业销售产值占全国工业销售总产值的份额，n 表示销售该产业产品的地区总数。我们从《中国工业经济统计年鉴》（2002～

---

① 我国制造业门类（C）下共有 30 个行业，本书选取的 20 个行业分别是：农副食品加工业 C13，食品制造业 C14，饮料制造业 C15，烟草制品业 C16，纺织业 C17，造纸及纸制品业 C22，石油加工、炼焦及核燃料加工业 C25，化学原料及化学制品制造业 C26，医药制造业 C27，化学纤维制造业 C28，非金属矿物制品业 C31，黑色金属冶炼及压延加工业 C32，有色金属冶炼及压延加工业 C33，金属制品业 C34，通用设备制造业 C35，专用设备制造业 C36，交通运输设备制造业 C37，电器机械及器材制造业 C39，通信设备、计算机及其他电子设备制造业 C40，仪器仪表及文化、办公用机械制造业 C41。之所以选这 20 个行业是为了保持统计口径的一致性。从 2003 年开始，《中国工业经济统计年鉴》的国民经济行业分类体系由 GB/T4754—94 改变为 GB/T4754—2002，许多行业的分类标准发生了变化，但本书选取的这 20 个行业的分类标准在新旧行业分类体系中基本保持了一致。

2004 年, 2006 ~ 2009 年) 和《中国经济普查年鉴》(2004 年) 中收集了各制造行业工业企业历年在各省的工业销售产值数据, 根据 HHI 的计算公式, 计算出了我国 20 个制造行业 2001 ~ 2008 年的赫希曼 – 赫芬达尔产业空间集聚指数 (见表 4 – 1)。

表 4 – 1 中国 20 个制造行业 2001 ~ 2008 年赫希曼 – 赫芬达尔
产业空间集聚指数

年份 行业及代码	2001	2002	2003	2004	2005	2006	2007	2008
农副食品加工业 C13	0.0930	0.0985	0.1012	0.1053	0.1106	0.1094	0.1048	0.0963
食品制造业 C14	0.0721	0.0696	0.0692	0.0689	0.0752	0.0770	0.0795	0.0785
饮料制造业 C15	0.0643	0.0643	0.0659	0.0635	0.0671	0.0659	0.0646	0.0615
烟草制品业 C16	0.0961	0.0906	0.0873	0.0843	0.0829	0.0795	0.0796	0.0749
纺织业 C17	0.1322	0.1397	0.1422	0.1557	0.1553	0.1568	0.155	0.1525
造纸及纸制品业 C22	0.0932	0.0988	0.1073	0.1136	0.1147	0.1146	0.112	0.1076
石油加工、炼焦及 核燃料加工业 C25	0.0728	0.0715	0.0711	0.0693	0.0671	0.068	0.066	0.0657
化学原料及化学 制品制造业 C26	0.0769	0.0819	0.0826	0.0855	0.092	0.0951	0.0941	0.0948
医药制造业 C27	0.0559	0.0561	0.0571	0.0591	0.0628	0.0624	0.0636	0.0644
化学纤维制造业 C28	0.1457	0.1569	0.199	0.2227	0.2394	0.2587	0.2483	0.2612
非金属矿物制品业 C31	0.0718	0.0679	0.076	0.0799	0.0844	0.0847	0.0836	0.0811
黑色金属冶炼 及压延加工业 C32	0.0659	0.0662	0.0705	0.0745	0.0771	0.0782	0.0775	0.0782
有色金属冶炼 及压延加工业 C33	0.0518	0.0519	0.0539	0.0574	0.0595	0.0603	0.0612	0.0648
金属制品业 C34	0.1199	0.1231	0.1286	0.1265	0.1221	0.1246	0.1228	0.1127
通用设备制造业 C35	0.1086	0.1099	0.1119	0.1089	0.1066	0.1063	0.1041	0.1019
专用设备制造业 C36	0.0985	0.0955	0.0866	0.0853	0.0849	0.084	0.0814	0.0795
交通运输设备制造业 C37	0.0711	0.0715	0.0713	0.0659	0.0634	0.0646	0.0656	0.0664
电气机械及器材 制造业 C39	0.1285	0.1302	0.1358	0.1381	0.1387	0.1373	0.1331	0.1268

续表

年份 行业及代码	2001	2002	2003	2004	2005	2006	2007	2008
通信设备、计算机及其他 电子设备制造业 C40	0.1724	0.1811	0.1975	0.1995	0.1996	0.1934	0.1901	0.1986
仪器仪表及文化、办公 用机械制造业 C41	0.1782	0.1844	0.1866	0.1810	0.1721	0.1629	0.1635	0.1522

资料来源：计算所需数据来自《中国工业经济统计年鉴》（2002～2004 年，2006～2009 年）和《中国经济普查年鉴》（2004 年）。

2. 其他变量的度量与数据来源

根据研究惯例并结合数据可得性，在本章中，研发经费投入用各行业的科技活动经费内部支出来反映；研发人力资本投入用各行业科学家和工程师人数来度量；研发机构用各行业的企业科技机构总数来反映；出口贸易用各行业出口交货值来度量；技术创新用发明专利数来度量。度量上述变量所需原始数据来自《中国科技统计年鉴》（2002～2009 年）、《中国工业经济统计年鉴》（2002～2009 年）以及《中国经济普查年鉴》（2004 年，2008 年）中对 20 个制造行业大中型工业企业的统计。

为简洁清晰起见，将本章涉及变量的测度指标与数据来源通过表 4－2 反映。

表 4－2　变量测度与数据来源

变量类型	变量名称	测度指标（单位）	数据来源
因变量	技术创新	发明专利	《中国科技统计年鉴》 《中国工业经济统计年鉴》 《中国经济普查年鉴》
核心解释 变量	出口贸易	各行业出口交货值	
	产业空间集聚	赫希曼－赫芬达尔指数	
控制 变量	研发经费投入	科技活动经费内部支出	
	研发人力投入	科学家和工程师人数	
	研发机构	企业科技机构总数	

3. 变量初步统计特征

表 4－3 和表 4－4 分别从变量描述性统计和相关系数角度呈现了数据的初步统计特征，报告了本章涉及变量的面板总体（Overall）基本统计信息。

表 4 – 3   变量描述性统计与多重共线性检验

变量	样本量	均值	标准差	最小值	最大值	偏度	峰度	VIF
技术创新	160	928.84	2478.96	16.00	19447.00	5.89	40.99	—
产业集聚	160	0.11	0.05	0.05	0.26	1.31	4.23	1.37
出口贸易	160	109.11	255.98	1.22	1614.00	4.66	25.00	2.55
研发经费	160	87251.60	99373.73	6883.89	417618.30	1.70	5.04	10.27
研发人力	160	71231.17	68369.12	5388.00	369852.00	1.57	5.67	15.85
研发机构	160	401.17	320.36	33.00	1418.00	0.94	3.00	3.84

表 4 – 4   变量相关系数矩阵

变量	技术创新	产业集聚	出口贸易	研发经费	研发人力	研发机构
技术创新	1					
产业集聚	0.31	1				
出口贸易	0.91	0.43	1			
研发经费	0.64	0.11	0.69	1		
研发人力	0.67	0.07	0.65	0.94	1	
研发机构	0.52	0.06	0.48	0.72	0.84	1

此外，考虑到本书选取的自变量有可能存在多重共线性问题，故在表 4 – 3 最后一列报告了各个自变量的方差膨胀因子（VIF），以检验共线性问题。从检验结果来看，Max（VIF）＝15.85，大于 10，平均 VIF 达到 6.78，故依据经验法则本章变量间存在较为严重的多重共线性问题。

4.2.2   实证分析与解释

如果模型设定不正确，即使采用先进的估计方法，得出的结果也是不正确的，所以模型设定检验至关重要（高炜宇、谢识予，2002）。故本章在对模型进行规范检验的基础上，构建了合适的分析模型。

首先，由于面板数据模型包含了截面和时序两维数据，可以构造和检验更现实的行为方程模型，大大丰富了计量经济学的经验研究。但如果模型设定错误，将造成较大的估计偏差。所以，在建立面板数据模型时，先要对样本数据的面板数据类型进行判别，以避免模型误设，提高参数估计的有效性。根据截距项（反映个体影响）和斜率系数（反映结构变化）的不同限制要求，面板数据模型可分为三类：混合模型（截距和斜率都不变）、变截距模型（截距变斜率不变）和变系数模型（截距和斜率都变）。对于特定的样本数据，可利用协方差分析检验来判别哪种模型形式是合适的，其原理如下：

H_1：模型为变截距模型 $\qquad\qquad$ H_2：模型为混合模型

即来自混合模型，变截距模型和变系数模型的 OLS 残差平方和分别为 S_1，S_2 和 S_3，则在假设 H_2 下：

$$F_2 = \frac{(S_1 - S_3)/[(N-1)(K+1)]}{S_3/[N(T-K-1)]} \sim F[(N-1)(K+1), N(T-K-1)] \qquad (4.6)$$

而在假设 H_1 下：

$$F_1 = \frac{(S_2 - S_3)/[(N-1)K]}{S_3/[N(T-K-1)]} \sim F[(N-1)K, N(T-K-1)] \qquad (4.7)$$

如果计算所得统计量 F_2 的值小于给定置信水平下的临界值，则不拒绝 H_2，就认为样本数据符合混合模型，无须进一步检验；反之，则拒绝 H_2，此时需要进一步检验 H_1。若计算所得统计量 F_1 的值小于给定置信水平下的临界值，则不拒绝 H_1，认为样本数据为变截距模型；反之，则认为样本数据为变系数模型（高铁梅，2009）。在对所有数据进行对数变换和对相关数据进行通胀调整（根据以 1978 年为基期的国内生产总值指数对研发经费支出和出口交货值进行了通胀调整）后，根据计量方程（4.4），利用 Eviews 6.0，依次在混合模型、变截距模型和变系数模型下进行 OLS 回归可得：$S_1 = 83.34$，$S_2 = 25.15$，$S_3 = 5.97$，则 $F_2 = 4.55$，$F_1 = 1.35$，而 $F_{0.05}$（114,40）$= 1.58$，$F_{0.05}$（95,40）$= 1.59$。① 可见 $F_2 > F_{0.05}$（114,40），$F_1 < F_{0.05}$（95,40），所以样本数据应利用变截距模型进行估计。

其次，根据个体效应与解释变量相关与否，面板数据变截距模型有两种可供选择的估计方法：随机效应估计（FGLS）和固定效应估计（LSDV）。对此，虽然可以利用正式的 Hausman 检验来判别应该采用哪种估计方法，但由于本章所研究的个体成员单位不是随机地抽自一个大的总体，所以我们可以直接采用固定效应模型对计量方程（4.4）进行估计（古扎拉蒂，2004）。

---

① F 分布的临界值可利用函数 " = @ qfdist（1 - α，m_1，m_2）" 在 Eviews 命令窗口中获得，其中呈显著性水平的分别为 F 分布的分子和分母自由度。

此外，考虑到这里研究的 20 个制造行业在产业形态上存在较大的异质性，可能存在跨截面异方差问题，即 $E(\varepsilon_{it}\varepsilon_{it}) = \sigma_i^2, E(\varepsilon_{it}\varepsilon_{js}) = 0(i \neq j, s \neq t)$，所以我们也用 FGLS 对式（4.4）进行了估计，以与 OLS 的估计结果相对比，选出估计精度较好的模型。为了进一步考察产业集聚和出口贸易对各制造行业技术创新的作用，我们在式（4.4）的基础上加入了交互项 $LnC \times LnH$ 和 $LnE \times LnI$，估计结果如表 4－5 所示。

表 4－5　我国制造业技术创新影响因素的面板数据分析

解释变量 ＼ 模型	OLS	FGLS	交互项（FGLS）
μ	3.017 *** （4.555）	2.590 *** （6.141）	2.312 *** （5.653）
LnK	0.070 *** （4.565）	0.082 *** （5.177）	0.199 ** （2.612）
LnH	1.204 *** （5.365）	1.022 *** （6.297）	0.907 ** （2.46）
LnE	0.873 *** （6.098）	0.995 *** （10.536）	0.621 ** （2.602）
LnC	0.574 （0.930）	0.311 * （1.935）	0.856 * （1.987）
LnI	－0.076 （－0.472）	0.053 （0.364）	0.039 * （1.231）
$LnC \times LnH$	—	—	0.321 ** （2.17）
$LnE \times LnI$	—	—	0.195 *** （4.222）
观测值个数	160	160	160
校正 R^2	0.908	0.962	0.963
F 值	66.222 ***	167.522 ***	162.306 ***
D－W 值	1.228	1.562	1.657

Cross Section Fixed Effects v_i（GLS）

C13	－1.314	c22	－2.313	c31	－0.098	c36	1.530
C14	－1.173	c25	0.480	c32	－0.217	c37	0.833
C15	－0.873	c26	2.179	c33	－0.417	c39	0.153

续表

解释变量 ＼ 模型	OLS		FGLS		交互项（FGLS）	
C16	-1.865	c27	0.700	c34	-0.721	c40	1.625
C17	-1.876	c28	-0.050	c35	0.255	c41	3.160

注：①系数估计值下方括号里的数字为 t 统计量；② ***、**、* 分别表示在 1%、5%、10% 的水平上显著；③ "—" 表示该变量不存在于相应的模型中。

从表 4 - 5 对 OLS 和 FGLS 估计结果的比较中可以看出，FGLS 不仅提高了整个模型的拟合优度（校正 R^2 从 0.908 提高到 0.962），也使变量 LnC 和 LnI 的系数估计更准确了，所以我们以 FGLS 的估计结果作为本章的实证结论。

表 4 - 5 固定效应 FGLS 和交互项模型的估计结果表明了以下几点。①在我国制造业中，研发资本投入（LnK）和研发人力投入（LnH）对技术创新有显著的促进作用。此外，值得注意的是，实证结果显示出口贸易与我国制造业技术创新间存在高度显著的回归关系，但根据前文对技术创新与出口贸易之间关系的经济理论分析，我们并不能凭此判定二者之间因果关系的方向，在第四部分我们对此再进行进一步的实证研究。②产业集聚（LnC）的回归系数只在 10% 的水平上显著。表明产业集聚对技术创新确有一定程度的促进作用，但这种促进作用未能得到充分发挥。这可能与我国制造业产业集聚的有机融合水平不高有关[1]，有些地区仅仅是将属于同一大类行业但实则缺乏内在关联的企业规划在一起，这就不能达到降低技术学习交易费用，实现知识共享的目的，所以难以对技术创新起到促进作用。但是，产业集聚和研发人力投入交互项 $LnC \times LnH$ 的系数是显著的，表明在产业集聚水平较高的行业，科学家会创造出更多的技术创新成果，这说明产业空间集聚还是在一定程度上降低了科研人员间技术交流的交易费用，对制造业的技术创新存在促进作用。这也是由于科学家作为人力资

---

[1] 产业的有机集聚是指具有内在关联的企业在特定地域的高度融合。本书的区域 HHI 并不能反映产业集聚的有机融合水平，它只反映了各大类制造行业在各省份的集中情况，由于大类制造行业的范围很广且省份的面积很大，所以本书用 HHI 来度量产业集聚程度是有一定缺陷的，但由于缺乏关于更细分行业在更小地域的分布数据，所以目前的研究也只能采用这一欠精确的度量结果。

本具有高流动性和能动创造性的属性，故能够突破地域的限制并进行创造性地借鉴。③在 GLS 模型中，研发机构（LnI）的回归系数不显著。对此的解释是：有些制造企业虽然成立了研发机构，却缺乏经常性的研发任务和稳定的经费支持。根据 2002 年 R&D 资源清查所得的数据，我国工业企业的科研机构有 15% 不能获得经常的研发任务，有 21% 的不能获得稳定的经费来源（张华胜，2006）。这些情况表明，研发机构的闲置和任务不饱满是其对技术创新难以发挥作用的重要原因。此外，在交互效应模型中，研发机构的系数在 10% 的水平上变得显著，出口贸易与研发机构的交互项 LnE × LnI 的系数高度显著。这表明对于有出口贸易的行业，研发机构的设立促进了技术创新。并且，随着出口贸易规模的扩大，研发机构对技术创新的促进作用也会变大。我们认为，这是由于从事出口贸易的行业面临着激烈的国际竞争和挑剔的外国消费者，所以有加强研发的外在压力，因此这类企业的研发机构有着紧迫的研发任务和稳定的研发经费，从而促进了技术创新的加快。

表 4 – 5 下方反映的是各行业个体固定效应与平均水平的差异，由于我们采用的是柯布 – 道格拉斯型的知识生产函数，个体效应为除自变量以外的其他变量的综合作用，可反映各行业技术创新能力的差异。从估计结果来看，在我国制造业中，仪器仪表制造业（C41）、通信设备制造业（C40）等技术密集型行业的技术创新能力最高；石油加工业（C25）、通用设备制造业（C35）、电器机械制造业（C39）等资本密集型行业的技术创新能力较强；而农副食品加工业（C13）、纺织业（C17）等劳动密集型行业的技术创新能力最低。这一结果与事实是比较吻合的，技术密集型行业通过干中学过程积累了丰富的研发实践经验，拥有高素质的科研人才和广泛的国内外技术交流平台，使得企业对外部知识资源和创新机会具有良好的识别和吸收能力。完善的创新激励制度也能最好地配置创新资源、调动研发积极性，这些都使其技术创新能力得以提高。而资本密集型和劳动密集型行业在上述各方面的状况则依次变差，所以技术创新能力较低。此外，这里是用发明专利来度量技术创新的，而技术密集型行业的创新成果较多地表现为发明专利，较少地表现为实用新型和外观设计专利，而资本密集型和劳动密集型行业则恰好相反，这也是得出本章实证结论

的一个原因。

4.3　制造业出口贸易与技术创新之间
关系的实证考察

对于出口贸易与技术创新之间的关系，各种经济理论基于不同的前提假设和研究视角，往往得出不同的结论，这使得单凭经济理论难以做出合理的判断，此时实证检验就成为必要。前面的实证分析表明，技术创新与出口贸易之间存在正的回归关系，但回归关系并不一定意味着因果关系（古扎拉蒂，2004），所以本节在经济理论的指导下，通过面板数据格兰杰因果检验进一步实证研究技术创新与出口贸易之间的关系。

若加入变量 x_t 的滞后值后能显著提高对变量 y_t 的预测精度，则认为 x_t 是 y_t 的格兰杰原因。面板数据的格兰杰因果检验方法是借鉴传统的时序格兰杰因果检验的思想，将其推广到面板数据而来的。首先构造技术创新与出口贸易之间的 VAR 模型（平稳的）：

$$\mathrm{Ln}T_{it} = a_i + \sum_{k=1}^{m} r_i^{(k)} \mathrm{Ln}T_{i,t-k} + \sum_{k=1}^{m} w_i^{(k)} \mathrm{Ln}E_{i,t-k} + \varepsilon_{1it} \tag{4.8}$$

$$\mathrm{Ln}E_{it} = \delta_i + \sum_{k=1}^{m} \beta_i^{(k)} \mathrm{Ln}E_{i,t-k} + \sum_{k=1}^{m} \gamma_i^{(k)} \mathrm{Ln}T_{i,t-k} + \varepsilon_{2it} \tag{4.9}$$

然后通过回归分析分别得到式（4.8）和式（4.9）的约束和无约束残差平方[①]，进而通过 Wald 检验（受约束 F 检验）对式（4.8）中 $w_i^{(k)}$（$k=1,2,\cdots,m$）和式（4.9）中 $\gamma_i^{(k)}$（$k=1,2,\cdots,m$）各自的整体显著性进行判断，以此就可得出技术创新与出口贸易之间因果关系的方向。由于格兰杰因果检验只能在平稳数据之间和存在协整关系的非平稳数据之间进行。为此，我们首先对技术创新和出口贸易数据进行面板单位根检验以确定其平稳性，检验结果如表 4-6 所示。

---

① 模型（4.8）的约束为 $w_i^{(1)}=\cdots=w_i^{(m)}=0$，模型（4.9）的约束为 $\gamma_i^{(1)}=\cdots=\gamma_i^{(m)}=0$，它们也是相应受约束 F 检验的原假设。

表 4－6　技术创新和出口贸易的面板单位根检验（滞后阶数由 SIC 确定）

H_0：Unit root　数据检验方法		技术创新（LnT）		出口贸易（LnE）	
		统计值（P 值）	观测值数	统计值（P 值）	观测值数
相同根情形	LLC	－ 1.00（0.16）	133	－ 5.12（0.00）	140
	Breitung	—	—	1.61（0.95）	120
不同根情形	IPS	1.57（0.94）	133	0.99（0.84）	140
	Fisher-ADF	38.53（0.54）	133	27.10（0.94）	140
	Fisher-PP	48.59（0.17）	140	36.90（0.61）	140

　　依据对面板数据各截面序列是否具有相同单位根过程的不同假设，面板单位根检验分为两类：相同根情形下的检验，如 LLC、Breitung 检验；不同根情形下的检验，如 IPS、Fisher-ADF、Fisher-PP 检验。依据表 4－6，所有面板单位根检验方法都没能拒绝技术创新存在单位根的原假设；对于出口贸易数据，除 LLC 外，其他的检验方法都认为其存在单位根。所以，检验结果表明技术创新指标和出口贸易指标均存在单位根。由此，我们需要进一步对二者之间的协整关系进行检验。面板数据的协整检验方法有两类：建立在 Engle&Granger 两步法基础上的面板协整检验，如 Pedroni 检验和 Kao 检验；建立在 Johansen 协整检验基础上的面板协整检验。这里采用 Pedroni 检验和 Kao 检验来对发明专利与出口贸易之间的协整关系进行检验。二者都是通过对协整方程的回归残差进行平稳性检验而得出结论的，但在关于截面间截取和趋势系数的假定上存在差异。利用 Eviews 6.0，检验结果如表 4－7 所示。

表 4－7　技术创新与出口贸易间面板协整关系检验（滞后阶数由 SIC 确定）

检验方法	检验假设	统计量名	统计值（P 值）
Kao 检验	H_0：不存在协整关系（$\rho=1$）	ADF	－ 1.343（0.089）
Pedroni 检验	H_0：不存在协整关系（$\rho_i=1$） H_1：$\rho_i=\rho<1$（维度内）	Panel V	－ 0.539（0.705）
		Panel rho	－ 2.539（0.005）
		Panel PP	－ 4.847（0.000）
		Panel ADF	－ 6.780（0.000）

续表

检验方法	检验假设	统计量名	统计值（P 值）
Pedroni 检验	H_0：不存在协整关系（$\rho_i = 1$） H_1：$\rho_i < 1$（维度间）	Group rho	1.791（0.963）
		Group PP	−3.869（0.000）
		Group ADF	−5.013（0.000）

ρ（ρ_i）为协整方程回归残差的 AR 系数，Kao 检验在 10% 的显著性水平上拒绝原假设，表明技术创新与出口贸易间存在面板协整关系。Pedroni 检验有两种假设：同质性假设——所有截面具有相同协整关系（$\rho_i = \rho < 1$，维度内检验）；异质性假设——截面间协整关系不同（$\rho_i < 1$，维度间检验）。根据 Pedroni 检验的结果，Panel rho、Panel PP 和 Panel ADF 认为技术创新与出口贸易间存在同质性面板协整关系；Group PP 和 Group ADF 认为技术创新与出口贸易间存在异质性面板协整关系。只有 Panel V 和 Group rho 统计量认为面板协整关系不成立。综上，统计检验表明技术创新与出口贸易之间存在面板协整关系。在此基础上，我们可以进一步对二者之间的因果关系进行面板格兰杰检验，检验结果如表 4 − 8 所示。

表 4 − 8　出口贸易与技术创新间关系的面板格兰杰检验
（滞后阶数 m = 2）

检验结论 原假设 H_0	观测个数	F 统计值	P 值
LnT does not Granger Cause LnE（$\gamma_i^{(1)} = \cdots = \gamma_i^{(m)} = 0$）	158	1.080	0.342
LnE does not Granger Cause LnT（$w_i^{(1)} = \cdots = w_i^{(m)} = 0$）	158	3.809	0.024

表 4 − 8 结果显示，不能拒绝 $\gamma_i^{(1)} = \cdots = \gamma_i^{(m)} = 0$ 的原假设，表明技术创新不是出口贸易的格兰杰原因；但在 5% 的显著性水平上，拒绝了 $w_i^{(1)} = \cdots = w_i^{(m)} = 0$ 的原假设，认为出口贸易是技术创新的格兰杰原因。总之，面板格兰杰因果检验表明，在我国制造业中，存在从出口贸易到技术创新的单向因果关系。这表明在我国制造业中，普遍存在的情形是，企业不是等到已经进行了充分有效的技术创新，可以生产国际先进水平的产品后才将产品出口到国外；而是先生产技术含量较低的产品，并将之出口

到国外，然后在此过程中通过出口竞争效应、出口中学效应以及资本积累效应逐渐提高自身技术创新的能力。回顾我国诸多制造行业参与国际贸易的历程，它们最初都处于产业链和生产流程的低端分工环节，并随着对外贸易的不断开展逐渐提升自身的创新能力，然后晋级到较高端的分工环节，故这里的实证结论与事实是一致的。

4.4 实证研究结论与战略性贸易政策启示

本章在理论分析的基础上，利用面板数据分析方法，对我国制造业技术创新的影响因素进行了实证研究，结论包括以下几点。①当控制了研发经费和研发人力投入后，出口贸易显著促进了我国制造业的技术创新。进一步分析还表明，在我国制造业中，存在从出口贸易到技术创新的单向因果关系。出口对制造业技术创新的促进作用是通过"出口中学"过程中的倒逼机制而发生的，这一机制在研发机构与出口贸易的交互作用中也得到了进一步反映。由于我国制造业中存在研发机构研发活动不饱满现象，研发机构对技术创新的直接促进作用受限，但有了出口贸易后，在外在压力下，研发机构对技术创新的促进作用又变得显著，并且在出口多的行业，研发机构的设立对技术创新起到了更大的促进作用。②产业集聚对我国制造业的技术创新有较为显著的促进作用，但由于我国制造业产业集聚的有机融合水平不高，在一定程度上制约了产业集聚促进作用的发挥；但实证研究还是发现，在产业集聚水平较高的行业，科学家和工程师会带来更多技术创新的成果。③不同的制造行业形态在技术创新能力上存在明显差异，从技术密集型行业到资本密集型行业再到劳动密集型行业，技术创新能力依次降低。结合理论分析与实证研究的结果，本章对加快我国制造业技术创新的战略性贸易政策提出以下建议。

首先，除通过提高研发经费和科研人才投入来增加技术创新成果外，从事出口贸易、接受国际市场的挑战对促进我国制造业加快技术创新有着十分重要的作用。出口贸易通过出口竞争效应、出口中学效应等倒逼机制大大激发了企业进行技术创新的积极性，企业的技术创新能力随着出口额的增加和国外技术要求的不断提高而逐步提升。在现实中，很少有企业是在进行了充分的技术创新后才将产品出口到国外，大都是通过边出口边学习的动态实践过程逐渐提升创新水平。所以我国企业要勇于走向国际市场，抓住这一提升自身创新能力的机会；而政府则要利用战略性贸易政策为企业进行出口贸易创造良好的环境，帮助企业克服出口过程中遇到的障碍。

其次，设立研发机构和提升产业空间集聚的水平对提高我国制造业的技术创新能力有着重要的作用。科研机构是技术创新的组织保障，为企业的知识增长和技术开发提供了一个可积累的坚实平台，有利于企业在动态研发实践中不断提升创新能力。除此以外，科研机构设立后，还要有进行创新的外来压力和内在动力，并提供稳定的经费支持和研发任务，否则科研机构的作用也难以发挥；产业集聚可以降低技术交流的交易成本，增加科研人员间相互学习的机会，使知识溢出变得更容易，因此对激发创新有着良好的作用，但这些都有赖于具有内在关联的企业在特定地理空间进行有机整合，而那种表面相关实则联系不大的企业拼盘则难以起到这种作用。

最后，由我国制造业的技术创新能力从技术密集型到资本密集型再到劳动密集型行业依次降低可以看出，技术创新能力的提升是一个长期积累的过程，技术落后企业只有在干中学过程中不断积累研发经验并总结失败教训，不断消化吸收内外部的创新资源并建立起良好的科研激励制度，才能逐步提升自身技术创新的能力。

4.5　本章小结

本章以拓展的知识生产函数为理论框架，利用面板数据模型，在控制了科研经费、人力资本等传统投入要素对制造业技术创新的作用后，着重考察了出口贸易和产业集聚对制造业技术创新的影响。①在我国制造业中，存在从出口贸易到技术创新的单向因果关系，出口贸易显著促进了制造业的技术创新。②存在出口对制造业技术创新的倒逼效应：研发机构对技术创新的单独促进作用不显著；但结合了出口贸易后，研发机构对技术创新的促进作用则变得显著，且这一促进作用随着出口规模的扩大而增大。③产业集聚对制造业技术创新有一定的促进作用。在产业集聚水平较高的行业，科学家和工程师会有更多的创新成果。④从技术密集型到资本密集型再到劳动密集型行业，制造业的创新能力依次降低。根据实证研究的结论给出了促进制造业创新能力提升的战略性贸易政策建议。

5 战略性贸易政策与高新
技术产业发展

引　言

　　技术创新要对我国经济发展方式转型和经济结构优化起到实际推动作用，一方面要用技术创新驱动我国传统制造业的优化升级，提高传统制造业的生产效率和附加值；另一方面还要将技术创新的成果真正落实在高新技术产业的发展上，实现技术向产业转化，并实现产业集聚的规模生产优势。进而，在制造业升级和高新技术产业发展的基础上，产业结构得以改善，贸易结构也会不断优化。所以，基于技术创新的高新技术产业发展，并用技术创新对传统制造产业进行改造，是符合比较优势经济发展战略的路径，能从根本上实现我国比较优势的动态升级。前文已经对技术创新、战略性贸易政策和制造业创新能力提升间的关系进行了研究，这里将研究技术创新、战略性贸易政策与高新技术产业发展间的关系，并着重研究战略性贸易政策在高新技术产业发展各个关键阶段（基础研究、产业化、产业集中）的重要作用，从而为利用战略性贸易政策促进高新技术产业的顺利发展提供理论分析。具体来讲，本章有以下主要内容。第 5.1 节，在对高新技术产业发展的特点进行总结的基础上，阐述为何在高新技术产业发展过程中需要战略性贸易政策的帮助。第 5.2 节，在对基础研究不同开展模式的优劣进行分析之后，提出了基础研究的一种优化开展模式，并指出这可以作为一种战略性贸易政策手段。第 5.4 节，研究了战略性贸易政策在技术创新、技术转化过程中的作用。第 5.5 节，研究如何利用战略性贸易政策实现最佳的高新技术产业集中度。

5.1 高新技术产业的发展特点与战略性
贸易政策的作用

战略性贸易政策理论由利润转移理论和外部经济理论组成，它是新贸易理论在贸易政策领域的体现，其理论前提是不完全竞争市场和规模报酬递增，进而得出了一系列完全不同于传统贸易理论的政策结论。高新技术产业普遍存在的不完全竞争、报酬递增和外部性特征与战略性贸易政策的理论前提相一致，使得将二者结合起来进行研究有了一定的可能性，尤其是将战略性贸易政策理论中的外部经济理论与高新技术产业发展相结合进行研究会有更大的开拓空间。

首先，战略性贸易政策是指能够改变国际竞争市场上博弈格局的贸易政策，而只有在不完全竞争市场中，尤其是寡头竞争市场中才存在博弈问题，此时政府方可应用贸易或产业政策影响策略互动的结果。在完全竞争市场中，由于存在大量的买者和卖者，大家都是价格接受者，根本不存在博弈问题。对于完全垄断市场，由于一人独占市场，没有竞争对手，也没有互动博弈问题。① 在垄断竞争市场中，参与者也比较多，博弈问题也不是那么明显。在高新技术产业中，由于报酬递增是普遍存在的，所以市场也大多表现出不完全竞争的性质，而这其中又以寡头垄断市场最为普遍。如飞机市场中的波音和空中客车，软件领域的微软和 INTEL 等，这样的市场为政府帮助本国企业获取国际竞争市场的策略互动优势创造了机会，政府有激励利用贸易或产业政策改变博弈的结构，以使本国企业获利更多。跨国公司的大量出现，使得在某一特定市场上往往只有少数几家企业，这也创造了博弈的环境，所以，高新技术产业市场的特点和战略性贸易政策的使用条件是一致的，这使得将战略性贸易政策与高新技术产业发展相结

---

① 当然，如果在位垄断者为了防止潜在进入者掠夺自己的市场而采取进入阻止策略，如定低价和增加产量等，也存在博弈问题；值得强调的是，并非只有一个参与者就不能博弈，昨天的自己就可以和今天的自己进行博弈，如晚上定闹钟以防早晨赖床就是昨晚勤勉的自己为了战胜今早懒惰的自己而采取的一项策略。

合进行研究有了坚实的基础，也为利用战略性贸易政策推动高新技术产业发展提供了理论依据。

其次，新贸易理论认为规模报酬递增可以成为国际贸易发生的原因，而战略性贸易政策作为新贸易理论在贸易政策领域的体现，意味着比较优势不仅由要素禀赋结构决定，还可以通过贸易或产业政策来占据先动优势，形成路径依赖而创造出来，因此这就为政府利用战略性贸易政策帮助本国企业占领国际市场提供了理论依据。在高新技术产业发展中，普遍存在报酬递增的现象，所以利用战略性贸易政策获得高新技术产业发展的先动优势，如率先取得某项技术或产业发展的国际行业标准，就会为本国企业的长远发展奠定良好的基础。

最后，对于具有外部经济效应和关联效应的产业给予政策支持，会对整个经济起到良好的推动作用，使政策对经济发展起到"四两拨千斤"的效果。高新技术产业的发展普遍存在外部经济效应和关联效应，一方面，高新技术产业的发展是以技术的不断创新为基础的，而技术创新过程中广泛存在知识技术的外溢效应；另一方面，高新技术产业的发展是具有高附加值和高技术含量的，引领着未来经济前进的潮流，对传统产业的改造和其他战略性新兴产业的发展都具有广泛的关联带动效应，这也为在高新技术产业领域利用战略性贸易政策提供了坚实的基础。

一般来讲，贸易政策是指各国在一定时期内对进出口贸易进行管理的原则、方针和措施手段的总称；产业政策是政府为了实现一定的经济和社会目标而对产业的形成和发展进行干预的各种政策的总和。贸易政策是对外的，而产业政策是对内的。但在经济全球化的背景下，贸易政策和产业政策往往有共同的目标，这使得人们很难将对外的贸易政策和国内的产业政策进行清晰的划分，有很多贸易政策旨在促进产业的发展，也有很多产业政策是为了增强本国产业在国际市场上的竞争力。尤其是在 WTO《补贴与反补贴协定》（SCM）针对关税、配额、VER 以及补贴等实行一系列国际规制的背景下，可以利用的战略性贸易政策的手段大大减少了，目前只有满足一定要求的 R&D 补贴、资本补贴等才是合法的，所以现在大多数战略性贸易政策手段以产业政策的形式存在。在当今经济全球化时代，中国高新技术产业必须在国际市场上与国外同行相竞争才能获得更多的发展机会。因此，将战略性贸易政策或产业政策与高新技术产业发展相结合进行研究是十分必要的。

5.2 一种战略性贸易政策手段

——官产学联合开展基础研究

基础研究是技术创新的基石，对整个社会技术创新的步伐起着基础性的决定作用。在高新技术产业发展的过程中，有很多对产业发展起核心作用的共性基础技术研究，但基础研究的公共品性质使得私人没有激励从事它，此时如果没有一种良好的组织模式来开展基础研究，它就会陷入"公地悲剧"的局面，相关的高新技术产业也就难以发展起来。所以，寻找一种良好的基础研究组织形式，促进基础研究的顺利开展，对高新技术产业的发展起着至关重要的推动作用，进而对贸易结构的改善也将产生重要的影响，故此时基础研究组织形式的选择也成为一种重要的战略性贸易政策手段。

基础研究的公共品属性使得用公共资金支持其发展变得顺理成章。从世界各发达国家来看，政府大多是基础研究投资的主体。发达国家（如美国、日本）和一些新兴的发展中国家一直将高达12%～30%的研究开发经费投入于基础研究。但是，大致来讲，基础研究有如下两种开展方式：第一种，政府自己组织基础研究的开展，如通过属于政府的专职研发机构和大学来开展基础研究；第二种，通过将政府战略性补贴资金补贴给代表性企业，激励其开展基础研究。这两种组织方式各有优劣，面临着人力资本、技术扩散费用与委托代理成本之间的权衡取舍。首先，对于第一种组织形式，由于专职研发机构和大学拥有齐全的实验设备和实力极强的科研人员，所以与第二种组织形式相比，第一种组织形式具有更好的人力资本，研发成功的概率高，周期短。其次，专职的科研机构和大学是更倾向于做基础研究的，因为这样能够将研究成果形成科研论文发表，这符合科研人员的利益；而太过偏重应用的技术研究，难以形成高水平的能够发表的科研论文，对学术进阶不利。企业的研发机构则不同，企业是以利润最大化为目标的，这也决定了其研发机构的奋斗目标，所以企业研发机构有较强的激励将用于资助基础研究的政府战略性补贴资金挪用到私人价值高而溢出效应小的私人应用项目上来，这一状况在政府缺乏跟踪监督机制和面临高昂监督费用的情况下就会变得更加普遍。第二种组织基础研究的方式与第一种相比存在更为严重的委托代理问题。最后，基础研究只有进行广泛的扩散，才能对技术创新起到推动作用，进而将科技成果实现产业化。对此，在第一种组织形式下就面临着一项将基础研究成果向企业扩散的技术扩散费用，当然这项技术扩散费用的高低受到许多因素的影响，如技术差距、人力资本、吸收能力等。在第二种组织形式下，却没有这笔技术扩散费用，因为基础研究就是在企业内部进行的。综上所述，两种组织基础研究的形式各有利弊：第一种形式，人力资本较好，委托代理问题较轻，但多了一项技术扩散的费用；第二种形式，人力资本较弱，委托代理问题比较严重，但与第一种相比少了一项技术扩散的交易费用。基础研究应该选择哪种形式，取决于对上述三项因素的分析。不过，基础研究还有第三种组织形式——将第一、第二种组织形式结合起来，那就是将政府、大学和企业结合起来形成一个研究小组，从而避免第一种形式的技术扩散费用和第二种形式的人力资本弱项、委托代理问题，取长补短，趋利避害。日本成功地实施战略性贸易政策就采用了这种方式，大大提高了共性技术的研发效率。2008 年国际金融危机发生以后，高新技术产业、战略性新兴产业的发展成为各国摆脱经济金融危机的重要举措，也成为未来经济可持续发展的长期支撑力量。在高新技术产业领域，有许多的共性技术和基础研究需要开展，我国也可以采取政府、大学和企业三者相结合的研究方式，这是一种组织基础研究的良好形式，同时也是一种重要的产业政策形式的战略性贸易政策举措，对于促进我国技术创新、占领国际高新技术市场的制高点、提升贸易结构有重要的作用。

5.3 战略性贸易政策与南北技术扩散

技术创新是高新技术产业发展的基础，技术创新有两种类型：产品创新和流程创新。前者指新的先进的产品取代旧的落后的产品，后者指已有的产品通过一种成本更低、效率更高的技术生产出来。技术创新的机制也有两种：自主研发和国外引进。处于技术前沿的发达国家，只能通过自主研发的方式进行技术创新；但对于技术落后的发展中国家来讲，除了自主研发以外，还可以采取从国外消化引进新技术的方式革新已有的技术。

一般说来，技术创新的这两种方式各有优劣。自主研发可以增强一国技术创新的能力，增加成为某个领域技术领先者的可能性，一旦研发成功也可以独享长达20年的专利保护利益；但自主研发的投入很大且成功的概率不高，研发成功以后能否实现产业化还很不确定。相反，技术引进的投入较少，再加上有先进国家的经验和技术引进方的应用导向，能够顺利实现产业化；但是如果一味地进行技术引进，发展中国家很难培育自主创新的能力，也永远只能跟随先进国家，难以接近技术前沿。所以，发展中国家要根据面临的约束条件和发展目标来进行选择。

不过，自主研发和技术引进并不是必然对立的，二者也存在相互协同促进的关系。因为一国在从国外引进新技术时能否更好地消化吸收别人的先进成果，使国外先进技术最大限度地向国内扩散，受一国吸收能力的影响，而吸收能力是在企业进行自主技术创新的实践和努力中通过干中学过程逐步形成的。所以，获取和学习外部知识的前提条件在于企业内部的知识基础和技能资源，自主研发有利于获取外部知识，国家引进吸收国外先进技术的效果依赖于自主研发实践的水平。此外，引进消化国外的先进技术有利于增强一国自主创新的能力，中国作为一个后起的发展中国家，只有不断地借鉴国外积累的先进创新经验，才能明确方向，少走弯路。自主创新绝不是闭门造车，而是要以更加开放的胸怀吸收一切先进的成果为我所用，增强自身的创新实力。所以，技术引进、技术合作是知识经济时代国家自主创新能力必不可少的组成部分，对国家在动态变革环境中不断前进起着决定性的作用。

所以，我国在发展高新技术产业和战略性新兴产业、实现经济发展方式转型、建设创新型国家的过程中，一方面，要积极开展自主研发，积累创新经验、提升创新能力，勇于攀登国际技术的前沿领域；另一方面，也应该考虑国情，适时引进国外的先进技术，从而利用好后发优势，降低成本，提高效率，加快高新技术产业的发展进程。在我国从国外引进先进技术的过程中，可以利用战略性贸易政策使南北技术扩散变得更加顺利。已有的诸多关于技术扩散的文献都要么对技术扩散与经济增长间的关系，要么对技术扩散的传播渠道进行理论建模或实证检验，而并未从追随国的角度出发，探讨如何战略性地制定贸易或产业政策以实现消化吸收外国技术溢出的最佳效果，加快追随国技术创新的步伐。将战略性贸易政策与技术扩散相结合进行研究，使以前的被动接受技术溢出变为策略性地制定政策以更好地消化吸收国外的技术溢出，提高落后国追赶技术先进国的速度，这对技术落后的发展中国家来讲具有重要的现实意义。①

首先，在国际技术贸易的市场上，虽然我国愿意出高价购买外国的某些先进技术，但外国不愿意出售，尤其是那些核心关键技术更是如此。对此，我们可以研究如何通过一种战略性贸易政策手段，让外国愿意将这些先进技术对外出售。这些战略性贸易政策手段可能表现为知识产权保护政策的形式，因为北方国家在考虑到南方国家不完善的知识产权保护政策时，担心向南方转让的技术会被泄露，从而不愿意转让。此时，南方国家的知识产权保护政策就成了一种战略性贸易政策的形式，对诱导北方国家向南方转让技术起着重要的作用。

其次，在技术创新领域和高新技术产业发展过程中，国家之间的竞争会非常激烈，但潜在的战略合作机会也很多，如何利用战略性贸易政策抓住重要的合作机遇，实现与国外先进技术载体的研发合作，为南方的技术学习提供一个良好的平台，以加快我国的学习和追赶速度，对于我国自主创新能力的培育和国际竞争力的提升至关重要。此外，技术扩散的渠道是多种多样的，有产品贸易、FDI、专利申请和专利利用以及国际合作研发等，而同一种技术在不同技术扩散渠道中的溢出效果是大不相同的，同一种技术扩散渠道对于不同类型技术的扩散作用也存在差别。因此，通过制定战略性贸易政策使技术能够通过最适宜的渠道进行传播，实现技术的最优扩散就变得十分具有研究价值。在这一研究中，南方国家的知识产权保护水平可能也是重要的内容，因为拥有先进技术的国家是非常关注专利保护的，严格完善的专利保护政策才能为研发合作、技术扩散提供良好的制度保证。

---

① 二战后，日本制定了外国投资法，要求政府对所有进入日本的外国直接投资申请进行审查，一直拒绝设立外国独资子公司和外国拥有多数股权的合资公司的申请。美国厂商要想通过种种限制进入日本市场，必须允许日本获得他们的某些高新技术诀窍。日本通过这样一系列的战略性贸易或产业政策，逐渐使美国的先进技术加速向日本扩散。日本的这一做法对我国在与发达国家的国际经济交往中通过一定的战略性贸易政策安排以吸收先进技术有着重要的启发意义。

  Naghavi（2007）便分析了南方国家的知识产权保护水平在决定北方向南方扩散技术中的重要作用。Naghavi 假定南北技术扩散只能通过 FDI 渠道发生，当技术扩散和刺激创新对南方发展至关重要时，南方福利的最大化只有在北方选择 FDI 这一跨国经营方式时才能实现，于是南方的问题是如何策略性地选择知识产权政策以诱使北方以 FDI 的方式进入南方市场，这只有在南方的政策选择使得 FDI 成为北方利润最大化的方式时方能实现，从而南方的知识产权政策是在南北利益相互依存的博弈环境中南方基于自身福利最大化而内生决定的。Naghavi 构建了一个南北两方五阶段的动态博弈模型来分析这一问题。第一阶段，南方政府战略性地制定最优的知识产权保护水平；第二阶段，北方企业根据南方政府的知识产权水平选择能实现自身利润最大化的进入南方市场的方式——出口、双寡头的 FDI 或有策略性掠夺的 FDI；第三阶段，出口和 FDI 是北方企业进入南方市场的两种各有优劣的方式，出口可以保护自身的技术溢出，但要承担贸易成本；第四阶段，FDI 可以避免关税成本，但在南方知识产权保护不力时将面临技术外溢的风险；第五阶段，在南方不同的知识产权水平下，北方利润最大化的经营方式不同。在博弈的第三阶段，首先，南方选择关税政策，这一阶段只有在上阶段北方选择了出口的情况下才存在；其次，北方制定关于 R&D 的投资政策；最后，南北双方共同做出关于生产的决策。对于这样一个博弈模型只有通过逆推归纳策略才能得到子博弈完美的纳什均衡，从而使每一方在每一阶段做出的选择都是可置信的，所以博弈的求解从第五阶段开始，逆推至第一阶段以得出南方政府的最优选择。模型的结论是，对南方政府来讲，不管是低 R&D 密集的产业还是高 R&D 密集的产业，最优的决策都是制定较为严格的知识产权政策，因为只有这样 FDI 才成为北方利润最大化的选择，否则北方将选择出口，而能导致技术扩散的 FDI 才是南方福利最大化得以实现的方式。对低 R&D 密集的产业，南方制定较严的知识产权政策，才能诱使北方采取能导致技术扩散的双寡头 FDI 方式；对高 R&D 密集的产业，由于关税降低了，出口对北方更有吸引力，南方为了诱使北方选择战略性掠夺 FDI 方式，必须设定更加严格的知识产权保护政策。战略性掠夺 FDI 之所以对南方的福利最大化有利，是因为在这种情况下北方为了阻止南方企业进入市场会进行掠夺性的创新活动，而这种加强的 R&D 投资使南方受益。子博弈完美的纳什均衡显示：对南方政府来讲，不管是低 R&D 密集的产业还是高 R&D 密集的产业，最优的决策都是制定较为严格的知识产权政策，因为只有这样北方才会选择以 FDI 的方式进入南方市场，此时北方的先进技术才能扩散到南方，从而实现南方福利的最大化。

未来我国在建设创新型国家、发展战略性新兴高技术产业的过程中，在立足自主研发的同时，也离不开适时引进国外的先进技术，这不仅符合经济效率的原则，也符合技术创新的规律——取长补短、协同促进才能使技术创新蓬勃发展。在南北技术交流和扩散的过程中，我国的知识产权保护力度将成为一种重要的战略性贸易政策手段，对其进行适当的选择对我国引进需要的技术、取得最优的技术溢出效果有重要的作用，所以值得深入研究。一国知识产权的确认与保护是依照某个国家的法律进行的，所以它只在特定的区域内受到保护。但随着知识、技术的交流日趋国际化，知识产权问题在国际贸易中的重要性也日益突出，于是，对知识产权进行国际保护的需要就变得十分迫切。1994 年 WTO 缔结了《与贸易相关的知识产权保护协定》（TRIPs），制定了一套知识产权保护的国际标准，对知识产权取得的程序及其最低限度的保护要求做出了规定，并提出了知识产权方面争端的解决措施。TRIPs 对于减少国际贸易的扭曲和阻碍，促进全球范围内技术创新和技术扩散的蓬勃发展起到了重要的作用。中国要从知识发展的战略高度认识知识产权保护的重要性，因为这不仅关乎我国自主研发的积极性，而且对于打造有利的外商投资环境、更好地吸收先进国家的技术扩散有重要的作用。所以我国要根据 TRIPs 的要求，不断完善知识产权保护法规，使之与国际全面接轨。同时，由于 TRIPs 只是对知识产权最低限度的保护要求做出了规定，这就为我国根据技术引进需要、技术引进渠道选择适宜的知识产权保护水平，以策略性地诱导先进国家的技术向我国扩散提供了广阔的空间，所以知识产权保护水平的选择成为南北技术扩散过程中一项重要的战略性贸易政策手段。

发展中国家基于技术扩散的战略性贸易政策与传统的发达国家基于占据更有利策略地位的战略性贸易政策有着很大的不同，后者处处存在以邻为壑的零和博弈，极易使双方陷入"囚徒困境"的局面，而前者由于需要学习发达国家的先进技术，且由于科研活动存在正外部性，国家之间存在更多合作的可能，可以实现双赢的局面。在高新技术产业发展中，国家之间的竞争会非常激烈，但潜在的战略合作机会也会很多，如何利用战略性贸易政策抓住重要的合作机遇，实现与国外先进技术载体的合作，以加快我国的学习和追赶速度，对于我国自主创新能力的培育和国际竞争力的提升至关重要，这里一些战略性贸易政策的实施可以是为了促成研发合作，并不像传统理论那样总是具有对抗性。

5.4　技术创新和技术产业化过程中的战略性研发补贴安排

　　研发活动或技术创新行为存在的外溢效应和公共品属性使得运用公共资金对其进行补贴在经济学上找到了最为合理的理由。但即使如此，明确政府与市场在技术创新领域各自应有的作用，清晰地坚守各自的边界仍是至关重要的。无论何时，成本收益核算都是经济学的核心主题，根据成本收益的对比我们采取为与不为的决策，在技术创新领域也依然如此，只有这样才能发挥市场和政府的合力作用，促进技术创新的快速出现，推动经济内生增长。否则，成本收益核算不在、政府与市场错位将导致资源的误配和低效，技术创新速度难以加快。为了清晰地反映政府和市场在技术创新领域的作用，并展现当二者出现错位时产生的后果，我们采用表5-1的说明性抽象事例。

表5-1　技术创新的不同情况与政府的战略性研发补贴安排

研发项目	研发成本	私人收益	社会收益	政府应该的作为
研发项目 A	1	0.5	1.5	补贴 0.5～1
研发项目 B	1	1.5	2	无为，让市场自由选择或补贴 0～0.5
研发项目 C	1	0.5	0.8	无为，让市场自由选择

　　这里我们假定技术创新活动都存在正的外部性，不考虑没有外部性和负外部性的情况，这也是合理的。所以假定每个研发项目的社会收益都大于其私人收益，再根据研发成本、私人收益和社会收益三者之间的对比情况，可分为表5-1中的三种情况。对于研发项目 A，由于社会收益大于研

发成本，所以从社会的角度来看，该项目是值得进行的，但由于私人收益小于研发成本，故私人不愿意从事该研发，所以此时政府的作用就显得极为必要，否则这一有利于增进社会整体福利的研发项目就难以出现。政府应该补贴给私人大于 0.5 的公共资金，以使私人从事项目 A 的研发变得有利可图；但政府的战略性研发补贴额也不应高于 1，否则不仅有失公平，而且有损效率，因为公共补贴资金是有机会成本的，它本可以用在更加需要的地方。项目 A 属于市场失灵的情况，此时政府的出现才能弥补市场失灵，增进整体福利。对于研发项目 B，虽然该项目存在正的外溢效应，社会收益大于私人收益，但由于私人收益也大于研发成本，此时市场的配置技能能够正常发挥作用，社会合意的项目对于私人来讲也是赢利的，所以虽然存在外部性，市场并不失灵，无须政府干预，仍能实现帕累托最优的结果。当然此时政府也可以给予大于 0 小于 0.5 的补贴，这是公平的，因为它创造了多于私人收益的社会价值；但基于公共补贴资金使用的机会成本的角度，却不见得有效率了。项目 B 的情况类似于科斯（Coase，1974）在灯塔经济学中对灯塔建造历史的分析，因为一般来讲灯塔是不具有排他性和竞用性的公共物品，是没有私人愿意提供的，但是如果引入一种收费机制——通过对灯塔附近港口停泊的船只收取一定的灯塔使用费，使得这笔收费所得能够大于建造灯塔的成本，那么私人是愿意建造灯塔的，而这正是灯塔建造的历史现实。可能灯塔的社会收益仍然大于私人收费，但这已经不那么重要了。对于研发项目 C，虽然存在技术外溢，但社会收益仍然小于研发成本，所以从社会角度来看该项目不值得进行，而正好私人也不愿意进行，所以市场自由调节的结果是社会合意的，政府应该什么都不做。图洛克（Gordon Tullock）认为外部性的存在是我们需要政府的根本原因。但通过以上分析我们发现，并非所有具有公共品性质的私人研发项目都需要政府给予补贴。科斯的观点表明，如果私人从某项具有正外部性的经济活动（其社会收益大于私人收益）中获得的收益足以弥补其成本，即使没有政府补贴，私人仍有足够的激励从事具有外部性的活动（如建造灯塔、从事基础研究等）；而只有对于那些社会收益大于私人收益的企业的创新活动，政府补贴才是必要的。

上文对政府与市场在技术创新领域的分工和边界做了较为清晰的说明，为了进一步对我国一直存在的低技术转化率问题从政府研发补贴的角度给出一个经济学的解释，我们继续考虑上述研发项目 C 的延伸情况，前文只是考虑了研发项目 C 的研发阶段，我们接着考虑该项目实现产业化以后的情况，具体见表 5 - 2。

表 5 - 2　技术创新、技术转化与适宜的战略性研发补贴安排

研发项目	研发成本	私人收益	社会收益	仅考虑研发阶段政府应该的作为	项目 C 实现产业化后的净收益	通盘考虑后政府应该的作为
研发项目 C 情况 1	1	0.5	0.8	无为，让市场自由选择	小于 0	无为，让市场自由选择
研发项目 C 情况 2	1	0.5	0.8	无为，让市场自由选择	大于 0 但小于 0.2	无为，让市场自由选择
研发项目 C 情况 3	1	0.5	0.8	无为，让市场自由选择	大于 0.2 但小于 0.5	补贴 + 知识产权保护
研发项目 C 情况 4	1	0.5	0.8	无为，让市场自由选择	大于 0.5	知识产权保护

中国高科技投融资委员会主任潘峙钢在 2009 年中国互联网交易投资博览会上表示，目前我国专利申请受理总数突破 500 万件，增长的速度居世界榜首，但我国的专利技术转化率不足 1%。关于我国的低技术转化率问题有很多种解释，如企业缺乏金融支持，没有资金将技术产业化；我国缺乏良好的产学研一体化平台，技术转化的费用高昂；我国许多专利技术是由高校发明的，没有以应用为导向，缺乏实现产业化的可能。上述原因都是客观存在的，但这里从政府战略性研发补贴配置的角度对我国的低技术转化率问题给出一个新的解释。根据前文的分析，对于项目 C 的情况，仅从研发阶段来看，虽然存在外部性，但市场的自由选择仍是有效的。如果此时政府介入了，给予了大于 0.5 的战略性研发补贴，则从事该项目的研发便变得有利可图，于是该项目得以产生，也出现了将该项目的研发成果进行进一步产业化的可能。根据项目 C 实现产业化后的净收益是否能弥补研发阶段私人净损失和社会净损失，我们可以将项目 C 的研发和产业化分为四种情况。对于情况 1，项目 C 实现产业化后的净收益为负，成本收益分析的结果表明，项目 C 完全没有研发的必要，也没有人有激励进一步将其实现产业化。但如果此时政府给予了大于 0.5 的战略性研发补贴，该项

目便得以产生。由于进一步将该项成果实现产业化的净收益为负，所以完全没有必要将其实现产业化。此时，政府战略性研发补贴使得本不该出现的研发项目 C 得以诞生，由此增大了技术创新的基数，但将其实现产业化是得不偿失的，故不实现产业化是理性的选择，当然这会造成技术产业转化率降低的统计表象。根据上文的分析，这种情况下的低技术产业转化率恰恰是理性分析的结果，因为沉没成本不应该影响未来的选择，没有必要为了产业化而产业化，一切都应该以成本收益分析为依归。这里的一个启示是，要提高技术的产业转化率，需要政府对战略性研发补贴进行合适的安排，使其配置在最为需要的地方。

对于情况 2，虽然项目 C 产业化后的净收益为正，但由于小于 0.2，产业化后的净收益无法弥补研发阶段的私人损失和社会损失，整体来看这种情况下的项目 C 总体仍是亏损的，不应该从事。但是如果政府在研发阶段错误地给予了大于 0.5 的战略性研发补贴，使项目 C 得以出现，此时还是应该将其产业化的，因为毕竟产业化阶段的净收益为正，这可以弥补研发阶段的一部分损失，使损失最小化，这是沉没成本不应该影响未来决策的又一事例。不过，这种情况下最优的决策还是让市场自由选择，政府不提供补贴，使项目 C 不会出现。

对于情况 3，由于产业化后的净收益可以弥补研发阶段的社会净损失但不能弥补研发阶段的私人净损失，所以私人不愿意从事项目 C 的研发和产业化；但从社会角度来看，项目 C 的研发和产业化则是有利于增进整体福利的，值得从事。此时，政府在研发阶段或在产业化阶段给予项目 C 的研发企业一笔合适的战略性研发补贴，使其有激励从事项目 C 的研发和产业化对增进社会福利就显得极为重要。此外，还需要有良好的知识产权保护做支撑，使研发项目 C 产业化后产生的净收益也能归研发企业所有，这样才能为企业进行项目 C 的研发提供可靠的激励和制度保障。在技术创新领域，这种情况应该是很常见的，因为很多技术创新项目在研发阶段都是亏损的，如果实现产业化后则可能收回成本，对整个社会的技术创新产生良好的外溢效应；但成本收益的结构可能不能激励私人从事这样的项目，此时政府进行公共研发或制定良好的知识产权保护政策并为研发企业提供适宜的补贴就显得极为重要。所以政府应该高度重视这种情况，明察秋毫，采取适宜行动。

对于情况4，由于项目C产业化后的净收益能够弥补其在研发阶段的社会净损失和私人净损失，虽然存在外部性，但私人仍然有足够的激励将该项目研发出来并实现产业化，达致社会最优结果。此时，只需要政府制定好良好的知识产权保护制度，使得项目C产业化后产生的净收益也能归研发企业所有，为企业进行项目C的研发提供可靠的激励和制度保障，剩下的事交给市场去自由选择便会产生最优的结果。可见，很多时候市场的自由选择能否实现最优的结局还依赖于制度的安排，并非无条件的。假设这里没有完善的知识产权保护制度，这样产业化后所得的净收益就不能保证被研发企业占有，研发企业就会缺乏激励去从事项目C的研发。只要产业化后的净收益为正，而知识产权保护制度又不健全，任何理性的企业都会抢着将研发成果产业化，使得本应该由研发企业在一定时期专享的垄断租金被剥夺，研发企业意识到这种状况，索性一开始就不从事项目C的研发，这样由于制度的缺失本应出现的增进社会福利的经济活动便无法出现。完善的知识产权保护会消除企业进行研发的后顾之忧，为企业从事技术创新提供强劲的激励。一项良好制度的建立需要很长的时间，一种次优的权宜之计就是给该项目提供战略性研发补贴，使其在研发阶段也是有利可图的，这样企业就不会再担心不能收回产业化阶段的利润，仍会有激励从事该项目的研发。但这仍然只是一种次优的选择，其实我们这里所有的分析都假设政府能够在研发项目A、B、C以及研发项目C的四种情况间进行清晰的分辨，但这一点是很不现实的，因为这需要掌握大量的信息，花费巨大的成本，考虑这些成本以后，可能会使政府的行为变得得不偿失。所以在信息有限的现实中，政府很可能无法明辨上述各种情况，而错把项目B当成项目A，把项目C的第三、第四种情况当成第一、第二种情况，从而采取了错误的安排，反而降低整体的经济效率。但是，当把知识产权安排好以后，剩下的事情交给市场去自由选择，便能把研发项目C的第四种情况给挑选出来，实现最优的结果，可见，良好的制度设计才是最优的举措。

本小节分析了政府和市场在技术创新的研发阶段和产业化阶段应有的作用，所举事例虽然是高度抽象和简化的，但还是为我们看清楚一些情况提供了理论上的指引。政府与市场的边界问题是经济学的永恒话题，在技术创新领域也是如此。在现代经济中，市场的作用是基础性的，但政府也必不可少，尤其是在我国这样一个政府在市场经济发展中起着很大作用的国家，政府掌握着大量的资源和权力，可以改变成本收益的结构，能够让本来亏损的项目变得有利可图，也能够使原本赢利的项目变得不划算。总之，政府想做的事一定能做成，但这样做是否具有经济效率，是否有利于全社会福利的改善，是否有利于可持续发展，则是另外一个问题。所以，政府是市场经济中一个至关重要的变量，片面地质疑市场或一味地批判政府都是非建设性的，不利于达致帕累托最优的状态。最务实的做法就是通过扎实的研究，为市场和政府找到合适的边界，厘清二者的应有职责，有些事情完全依赖市场可能无法实现而需要政府的配合，而另外一些事情如果单纯指望政府可能会由于信息缺失、费用高昂而变得得不偿失。区分这些要依赖于历史的经验、失败的教训、扎实的研究。

5.5　战略性贸易政策与高新技术产业最优集中度

产业集中度常用来反映市场结构的类型，而市场结构的类型决定了企业的行为和最终的效率。之所以要研究产业的最优集中度，是因为产业的集中是有利有弊的，所以要明辨利弊，权衡取舍。一方面，国内产业集中度的提高使生产向少数企业集中，这大大增加了单个企业的产量，有利于实现规模经济效率；另一方面，在国际竞争市场上，产业集中使众多弱小的参与者成为较少的力量强大的参与者的竞争对手，其更容易联合起来与国外竞争对手展开竞争。由此可见，产业集中可以提高一个产业的国际竞争力；但与此同时，产业的不断集中会使得该产业在国内的市场势力逐渐增强，进而形成垄断，这又会由于缺乏国内竞争对手而使该产业失去前进的动力，最终必定影响该产业的国际竞争力。

在图5-1中，随着产业的不断集中，一方面产业的规模经济效率和国际议价能力不断提升，但由此带来的得益是边际递减的，因为规模经济不是无限的，而是只在一定的范围内存在。同样，国际议价能力的提升还受到许多其他因素的影响，所以到一定程度后产业集中的作用必定下降。另一方面，产业集中会导致国内竞争的缺乏，从而会产生经济的静态和动态无效率，而且会越来越严重，因而产业集中的边际损失是递增的。根据优

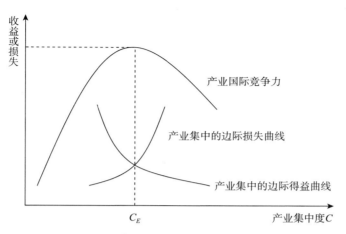

图 5 - 1　产业集中度与产业国际竞争力

化理论，只有当产业集中度为 C_E 点水平时，产业集中带来的边际得益和边际损失才相等，从而实现产业国际竞争力的最大化。C_E 点的左边和右边都不是最优的，都可以通过向 C_E 点的调整而进一步利用产业集中带来的好处，进而提升产业的国际竞争力。由此可见，产业集中度太高和太低都不好，只有适中的产业集中度才能充分利用其好处而避免其坏处。但是，最优产业集中度并不是能够自然形成的，需要政府政策的引导和规划。此时，这种引导产业达到最优集中度的政策也成了一种重要的战略性贸易政策手段，因为它对帮助产业实现最大国际竞争力，赢得国际竞争的策略优势有着重要的意义。

　　在西方市场经济国家，一直以来反托拉斯法都将一切不利于竞争，有损福利的企业间联合行为认定为非法。然而 20 世纪 80 年代以来，美国和欧盟调整了关于竞争的法规以使其对研发合作的处理更具灵活性，这一转变是经济和法律专家对私人与社会成本以及研发合作利益进行了透彻分析的结果。因为合作研发将技术溢出内部化，可以共同分担研发成本和风险，避免创新活动的重复投资以及享受资产和技能联合利用的协同效率，这些都会使技术创新的速度更快，成本降低，从而可以帮助企业提高竞争力，以更好地面对来自国外的竞争压力。允许企业进行国内或国际研发合作是放松反托拉斯法的一种表现，这通常被认为有利于提高本国企业相对外国企业的竞争地位。可见，合作研发会提高产业集中度，增加企业的市场势力，从而不利于提升社会福利；然而，合作研发也会带来上述的诸多利益。所以，对合作研发以及产业集中的政策规制是权衡利弊的结果。

我们应该充分利用产业集中带来的利益，同时也要避免其不利之处。日本成功实施战略性贸易政策的一个方面就在于，在为国内企业提供保护的同时，强化国内企业间的竞争；相反，法国则将最强的几家企业合并，形成"国家级冠军"，这种产业过度集中的状况，导致法国竞争效率低下，最终影响了其国际竞争力。同时，国内市场的规模会影响产业集中利弊权衡的结果。如果有较大的国内市场，就可以容纳多家规模较大的企业，这样就可以在利用规模经济效率的同时兼顾竞争效率；但是，如果国内市场很小，能够容纳的企业数量有限，就会在利用竞争效率和获取规模经济效率间陷入两难境地。

中国国内市场的规模很大，理论上来讲，可以实现规模经济效率和竞争效率的平衡，从而为提高产业国际竞争力提供良好的环境。然而，我国的特有国情使得现实情况并非如此，甚至正好相反。一方面，我国很多产业的集中度并不高。很多高新技术产业，存在遍地开花的现象。对于2008年金融危机以后提出的七大战略性新兴产业，许多省份跃跃欲试，而没有结合自身的条件择优重点发展。地方政府基于自己的目标函数——政绩、升迁——会理性地选择在每一个行业都不落后，但从全国来看极为缺乏规模经济效率，处处产能过剩。另一方面，地方保护、各自为政形成的行政垄断导致我国很多产业的产业集中度不高且国内竞争也不充分。① 经济学一直认为，垄断是无效率的，但这里的垄断是指自由市场竞争形成的垄断，对于行政管制导致的垄断，其效率损失更是雪上加霜，道理很简单，自由市场竞争形成的垄断是优胜劣汰后的精英存活或适者生存，而行政管制导致的垄断则是未经筛选的泥沙俱下、参差不齐。所以，我国地方行政保护导致的市场垄断和产业集中度不高并存，造成我国许多产业的竞争效率和规模经济效率都很低下，严重影响了我国产业的国际竞争力。消除地

---

① 在自由竞争市场中，产业集中度常被用来反映市场的竞争、垄断程度，产业集中度越高，说明该产业越趋向于垄断市场类型，反之则相反。可见，在自由市场中，产业集中度与市场垄断程度成正比。但是，在存在地方市场行政保护的情况下，用产业集中度来反映市场竞争、垄断程度没有任何意义，因为低产业集中度可能正好反映了产业地方行政垄断遍地开花的情形。

方行政保护，形成全国统一的竞争市场，提高产业集中度，才能充分利用竞争效率和规模经济效率，提高产业国际竞争力。在这一过程中，战略性贸易政策（往往以国家产业政策的形式出现）可以起到重要的推动作用，以促进各个产业形成最优的产业集中度，提升国际竞争力。

5.6 本章小结

第 3 章定量研究了政府战略性研发补贴对制造业技术创新的实际促进作用。第 4 章进一步对影响制造业技术创新的因素进行了实证研究，并提出了相应的促进技术创新的战略性贸易政策建议。本章则对战略性贸易政策在高新技术产业发展重要阶段中的关键作用进行了理论分析。除了已经给予较多关注的战略性研发补贴这一产业政策形式的战略性贸易政策手段，这里又提出了基础研究组织模式、知识产权保护政策、国际研发合作安排、产业集中度选择等产业政策形式的战略性贸易政策手段，这些新形式的战略性贸易政策手段能够规避 WTO 的一系列限制，更好地借助国际经济交往发展本国经济，是适应发展中国家国情和需要的战略性贸易政策的重要表现形式，对我国建立创新型国家、转变经济发展方式具有重要的现实意义。下一章将在本章的基础上，进一步论述战略性贸易政策在贸易结构优化中的重要作用。

6 战略性贸易政策与我国对外贸易结构优化

6.1 战略性贸易政策、技术创新与贸易结构优化

那种将比较优势理论当作静态理论的看法其实是一种误解，因为比较优势理论本质上是具有动态性质的，它的两个中心概念——要素禀赋结构和要素密集度——都内在地可以展开动态分析。从这两个重要概念出发，有两种将比较优势理论动态化的思路。其一是产品生命周期理论：在各国要素禀赋状况既定的条件下，引入产品要素密集度的生命周期动态变化，从而考察比较优势和贸易流向的动态演化。其二是动态要素禀赋理论：在产品要素密集度既定的条件下，引入国家（地区）要素禀赋结构的动态变化，以考察比较优势的动态演化。这就有力地暗示，现代比较优势理论存在动态化的性质。落后国家实现产业结构升级和贸易结构改善从而实现比较优势动态升级的根本途径在于提升一国的要素禀赋结构。而在一国的要素禀赋中，技术创新的实力具有核心而关键的作用，故增强一国技术创新能力是改善其要素禀赋结构的关键，进而也是提升外贸结构的关键。技术创新驱动的要素禀赋结构改善会通过两种路径对比较优势动态升级产生影响。

6.1.1 产品生命周期理论视角

产品生命周期理论由弗农（Raymond Vernon, 1966）提出，表明在产品生命周期的不同阶段，产品的要素密集度是动态变化的，根据各国拥有

的不同要素禀赋状况，在该产品上具有比较优势的国家也会发生动态转移，在这一过程中伴随的是产业的国际转移和跨国公司根据产品生命周期阶段和各国的要素禀赋状况不断地进行全球生产布局的动态调整，国际贸易的流向也随之得以决定。在产品诞生期，产品属于研发密集型的，此时创新资源丰富的国家拥有该产品的比较优势，而贸易则发生在发达国家之间；当产品进入成长期以后，技术业已成熟，规模化生产变得重要，此时资本丰富的国家便拥有了比较优势，发达国家将产品出口到发展中国家；随着产品标准化生产的不断完善，产品进入成熟期，此时控制生产成本成为首要因素，拥有丰富劳动力的国家此时将拥有比较优势，产品由发展中国家出口到发达国家。产品生命周期理论很好地抓住了产品生产在要素使用上的动态时变规律，因而对国际产业转移和跨国公司的全球运作具有良好的解释力。这一理论对发展中国家利用国际经济交往来提升产业和贸易结构，从而在国际分工中不断晋级、获取更多的利益有着重要的指导意义。产品生命周期理论的启示是，一国只有不断提升自身的要素禀赋结构才能在国际产业转移和跨国公司的全球运作中获取国际劳动分工的高端环节。产品技术创新驱动的要素禀赋结构改善会吸引处于产业高端的 FDI 或诱致跨国公司将技术、资本密集的产品生产阶段转移到本国，因而对一国的产业和贸易结构改善产生积极的促进作用，进而推动比较优势实现动态升级。

6.1.2 动态要素禀赋理论视角

其实动态要素禀赋理论已经在雷布津斯基定理（Rybcyzynski Theorem）中得到了总结，该定理表明：在商品相对价格保持不变的前提下，一种要素存量的增加不仅会导致生产中密集地使用该要素的产品在产品产量中的份额增加，而且会导致这种产品产出的绝对量增加，另一种产品的产出量则绝对地减少。雷布津斯基定理表明，要素禀赋的变化决定着资源配置的变化，也就是产业结构的调整。在技术创新驱动要素禀赋结构改善以后，高级要素会变得便宜，因而吸引更多的国内企业采用这些高端要素来组织生产，一国的产业结构升级便随之发生，这可以通过图 6-1 清晰地说明。

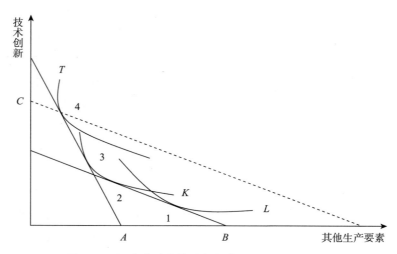

图 6 - 1　要素禀赋结构升级与产业、贸易结构优化

图 6-1 中，将生产要素分为两类：技术创新和其他生产要素。A、B、C 为生产成本线，其斜率反映了其他生产要素与技术创新的相对价格 $P_{其他生产要素}$/ $P_{技术创新}$，L、K、T 分别为劳动密集型、资本密集型和知识技术密集型产品的等产量曲线；标记为 1、2、3、4 的点为等产量线与成本线的切点，表明实现了成本最小化的决策。当一国技术稀缺、其他要素丰富时，技术的相对价格就会较高，成本线表现出 B、C 所示的形态，此时厂商成本最小化的决策在 1、2 点，这同时是利润最大化的最优决策。1 点反映的是劳动密集型产品的生产，2 点反映的是资本密集型产品的低技术含量区段的生产。表明此时该国的劳动密集型产品和资本密集型产品在低技术含量区段上拥有比较优势。现在假设该国通过大力促进技术创新（包括利用基于技术创新的战略性贸易政策手段）改善了技术状况[①]，技术的相对价格便会下降，变成 A 所示的成本线形态，此时厂商成本最小化的决策在 3、4 点，这同时也是利润最大化的最优决策。3 点反映的是资本密集型产品在高技术含量区段的生产，4 点反映的是技术密集型产品的生产。表明此时该国在技术密集型产品和资本密集型产品的高技术含量区段上拥有比较优势，由此产业和贸易结构的升级便发生了。由以上分析可知：产业和贸易结构都是内

---

① 这一点不一定是针对整个国家而言的，其也可以在某一个特定的产品上实现。

生变量，由要素禀赋结构决定。在具有完善市场价格机制的前提下，从要素禀赋结构改善到产业和贸易结构优化的过程便会自然发生。假设该国在技术创新状况没有改善的情况下，试图在 4 点生产技术密集型的产品，则生产成本线由 C 反映，C 与 B 平行，但若在 B 的外侧，则表明生产成本过高。最优的产业、贸易结构是与要素禀赋结构相适应的，而揠苗助长必将付出巨大的代价，改善一国产业和贸易结构的根本举措在于提升该国的要素禀赋结构。

因此本书在构建了基于技术创新的战略性贸易政策理论模型后，就将战略性贸易政策与贸易结构改善、比较优势动态升级紧密地结合了起来。探讨了如何在南北技术创新博弈的环境中利用战略性贸易政策帮助本国赢得技术创新的策略优势的问题。技术创新一方面推动了传统制造业的改造升级，另一方面又是高新技术产业发展的基础，这都从根本上提升了一国的产业结构，同时也增加了出口产品的技术含量和附加值，因而也改善了对外贸易的结构。将战略性贸易政策与技术创新相结合进行研究，拓展了战略性贸易政策的研究领域，也更加符合发展中国家的经济发展目标，使得战略性贸易政策的应用可以为贸易结构优化、经济发展方式转型服务。

6.2 战略性贸易政策、先动优势与贸易结构优化

虽然技术创新、要素禀赋提升是产业升级和贸易结构优化的基础前提，但从要素禀赋结构提升到产业结构升级再到贸易结构改善，前者都只是后者的必要条件，而非充分条件。在具有规模经济、外部经济和不完全竞争市场属性的高新技术领域，情况更是如此。因为高新技术产业具有一些非传统的经济特征，如高额的固定成本、递增的规模报酬、率先建立产业标准的优势、网络以及反馈效应等，这些新特征使得高新技术产业的进入壁垒较传统产业高出许多。然而，一旦一个公司建立起来，它又会由于上述特征而不断巩固自身的地位，后来者很少有进行市场渗透的机会。这一法则只有两个例外：一是后来者由于采用新技术有效地清除了先行者建立起来的累积优势；二是后来者得到了政府足够力度的资助，如日本的微芯片产业和欧洲的空中客车。因此，在高新技术领域，在具备先进要素禀

赋结构的基础上，还要占据先动优势（first mover advantages）才能使一国在国际贸易舞台上拥有现实的贸易结构的改善，主导高新技术产品的国际贸易市场。而战略性贸易政策的使用在帮助一国赢得先动优势方面起着至关重要的作用。在高新技术产业中，最终的比较优势的确立不再是给定的，而是创造出来的，那些第一个建立了高新技术产业的经济体由于拥有了规模经济优势和外部经济利益将形成路径依赖，从而在该领域长期保持比较优势，而很难被其他后来者取代。因此，在解释高新技术产业的国际市场竞争时，要将比较优势理论和先动优势理论结合起来。在存储器线路、液晶显示器、微处理器和计算机等高新技术产业建立之初，实际上从要素禀赋角度来讲，美国、日本、欧洲并无多大差异，在这三个经济体中可获得的资本和高素质劳动力（科学家、工程师、专业人员）是相同的，但后来的事实是日本占据了存储器线路和液晶显示器的国际市场，美国主导了微处理器和计算机的国际市场，而欧洲在这些领域事实上没有占据主要地位，这都是因为美国和日本在相应的领域借助战略性贸易政策占据了先动优势，而欧洲则没有做到这一点。所以在高新技术产业里，古典的完全竞争模型不再适用。古典理论是一个静态理论，但是我们生活在产业变革中，因而我们需要一个熊彼特式的动态框架。

在要素禀赋结构和产业结构升级的基础上，战略性贸易政策可以帮助一个国家在高新技术产品国际贸易市场上赢得先动优势，从而固化在高新技术产品上的比较优势，让一国对外贸易结构的提升变得更加现实和稳固。为了更加清晰地阐明这里的思想，可以通过图6-2进行进一步说明。

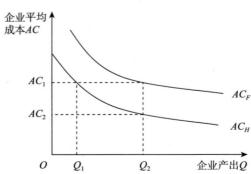

图6-2　报酬递增、战略性贸易政策与国际分工格局

图 6 - 2 中，AC_H 和 AC_F 分别是 H 国和 F 国代表性企业的平均成本曲线，两条曲线都是向下倾斜的，表明都存在报酬递增现象。但是对于相同的产出水平 Q_2，F 国企业的平均成本 AC_1 高于 H 国的 AC_2，F 国企业需要更大的产出才能将平均成本降低到与 H 国相同的水平，这可能是由于 H 国拥有更先进的技术或生产组织形式，说明 H 国拥有该产品生产的潜在优势。但是，最终的国际分工格局并不一定就是 H 国生产并出口该产品，占领国际市场。假设由于种种情况，F 国企业一开始的产量就已达到了 Q_2，但 H 国企业最初的产量却在 Q_1 之下，这会使得 H 国企业的平均生产成本高于 F 国，故 F 国在开放市场上拥有国际贸易的竞争优势。这里的分析表明，在具有递增报酬的不完全竞争市场中，潜在优势可以为国际贸易提供良好的条件，却不一定是充分条件。在具有递增报酬的不完全竞争市场中，历史或偶然因素、国内市场规模以及贸易或产业政策都对国际分工的最后格局有着重要的影响。我们这里着重考察贸易或产业政策对国际分工格局和贸易结构的重要影响。在本模型中，如果 H 国政府采取一定的战略性贸易或产业政策为其企业提供保护，使得 H 国企业能在 F 国的强力竞争下得以生存并不断扩大产量，直至超过 Q_1 水平，那么 H 国企业就可以通过规模经济效应不断降低自身的成本，逆转成本劣势，此时 H 国企业的潜在优势就发挥了出来，得以在国际贸易市场上占据竞争优势。

此外，Jinji 的模型也反映了政府的战略性贸易政策在帮助本国企业获取国际贸易市场策略优势时的关键作用，他考察了当两个国家可获得相同技术时（表明两国的要素禀赋结构相差不大），政府关于产品创新的战略性研发政策如何决定企业在产品质量排序中的位置（这反映了产业结构和贸易结构的状况）。由于在政府不干预的市场中存在多重均衡，战略性研发政策不仅使本国企业获得战略优势，还能帮助本国企业实现自己偏爱的那个均衡。分析结果表明，如果只有本国积极实行战略性研发政策，则单方面的政策干预将促使本国企业成为高质量产品的生产者；如果两个政府都是积极行动的，那么就会出现两个均衡结果，每个国家都有相同的机会成为高质量产品的出口国。那么，到底谁将成为高质量产品的最终出口国呢？模型分析表明，在这里，政府的战略性研发政策干预对于本国企业获得高质量产品的出口地位，占据高新技术产业的竞争优势起着重要的作用。

在存在报酬递增的不完全竞争市场上，国家的战略性贸易政策对国际贸易的最终格局有着重要的影响，发展中国家应该灵活运用这一政策以形成于己有利的分工格局，从而改善贸易结构。在具有规模经济效应、不完全竞争市场和外部经济效应的产业领域，国际分工的最终格局是政府与企业合作的结果，需要结合比较优势理论、先动优势理论以及战略性贸易政策理论来进行解释。由此，政府适宜的战略性贸易政策对于国际分工的改善、贸易结构的升级有着不可或缺的作用。发展中国家要选择好利用战略性贸易政策的领域、时机和力度，以为本国企业获取先动优势、积累规模经济、占领国际市场创造良好的条件。

6.3　战略性贸易政策与中国全球价值链动态升级

随着运输技术、通信技术和经济全球化的发展，运输成本和交易费用大幅下降，国际分工不断深化：产业间分工—产业内分工—产品内分工。全球价值链（GVC）分工的产生源于服务关联成本（service link cost）的大幅下降和企业对国际区位优势（location advantages）的不懈追寻[①]，各个国家则依据自身的区位比较优势融入全球化生产的相应生产区段或价值链环节（Jones & Kierzkowski，2005；Kimura & Ando，2005；Ando & Kimura，2009），以实现更低成本的生产。20 世纪后半期以来，原本在岸[②]、工厂内甚至车间内完成的垂直一体化产品生产过程被按照不同工序区段空间分散到近岸或离岸的不同国家、地区来进行，形成了具有特定禀赋结构的国家专业化从事价值链相应环节的国际工序分工新体系，成为这一轮全球化浪潮在深度和广度上区别于 19 世纪兴起的全球化的典型特征（Jones & Kierzkowski，1990；Jones & Kierzkowski，2005）。与产业间分工相比，产品内分工使得国际分工从产业或产品维度进入工序维度。

改革开放 30 多年来，中国积极融入全球化浪潮，取得了巨大的成就，

[①] 区位优势包括要素禀赋优势、政策优惠、集聚效应、基础设施服务、政府服务、环境规制等；由地理距离产生的服务关联成本包括运输费用、通信成本、协调管理费用、贸易壁垒、语言文化法律障碍等。

[②] 包括国内公司内（国内一体化）和国内公司间（国内外包）两种情形。

已从一个封闭经济体变成"世界工厂"。然而,我国在国际工序分工图景中仍主要集中在劳动密集型区段,在 GVC 中还处于微笑曲线底部的中低附加值环节;我国本质上是世界加工厂而不是世界创新工场。此外,面对低成本优势丧失、资源生态危机、创新能力不足和多变的国际经济金融环境,如果不转型升级传统的开放经济模式,中国很有可能陷入已有比较优势丧失,而新生比较优势尚未建立的尴尬局面。虽然全球价值链分工在分工深度和广度上与传统国际分工模式相比有长足进展,但要素禀赋理论仍然是解释一国或地区所处国际工序分工地位的核心理论。高素质人力资本稀缺、企业家精神匮乏和技术创新不足是造成当前中国低端 GVC 分工地位的根本原因,改善这些高端要素也成为中国从比较优势困境中突围的关键(见图 6 - 3)。所以,立足中国现实,反映当代经济全球化图景,探讨中国GVC 动态升级问题对我国经济开放战略转型和避免落入"中等收入陷阱"具有重要的实践价值。

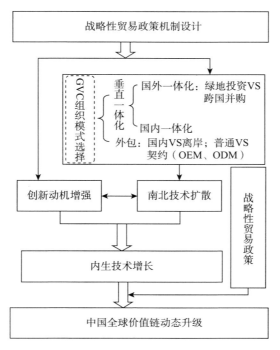

图 6 - 3　战略性贸易政策促进中国 GVC 动态升级的理论框架

一国高端要素的积累速度也是一个内生变量,它取决于该国的制度环境，此外，一国的战略性贸易政策安排也起着至关重要的作用。首先，满足参与约束和激励相容约束的战略性贸易政策设计使得技术创新成为研发主体的理性选择，所以可以在机制设计理论的指导下研究如何利用战略性贸易政策促进技术创新和人力资本培育。另外，在吸收国际技术溢出的背景下，跨国公司是选择一体化模式还是外包模式来组织其 GVC 运营会受到诸多因素的影响，但东道国制度环境无疑是一个重要变量；而在一体化与外包及其细分模式下，技术从北方向南方扩散的种类、质量和速度等都会存在差异。由此，可以根据我国对技术扩散的需求，研究如何通过战略性贸易政策设计诱导北方企业选择相应的国际生产组织模式，以更好更快地从北方吸收我国所需的技术知识。其次，要素禀赋结构高端化只是 GVC 分工地位升级的必要而非充分条件，战略性贸易或产业政策安排对产品内分工结构优化有着重要影响。在具备要素禀赋结构的基础上，仍然要思考如何采用合适的战略性贸易政策获取国际市场竞争的先动优势，促成 GVC 分工升级的顺利实现。由此可见，适宜的战略性贸易或产业政策在促进中国全球价值链动态升级的各个阶段都能起到重要作用。

在 GVC 时代要具备 GVC 思维，利用好国际国内资源来促进经济结构动态转型。首先，中国企业可以根据自身转型升级的需要设立离岸研发中心，利用海外的丰富人力资本来弥补中国本土高端创新人才不足的现状。其次，根据国际国内环境设计满足参与约束和激励相容约束的战略性人才移民政策和高端技术贸易政策，吸引外国人、中国留学生归来创新创业，使中国成为高端国际要素流动的流入地和集聚地。最后，设计最优知识产权保护制度以促进自主创新，同时也吸收国际技术溢出。

6.4　日本、美国和法国实行战略性贸易政策的经验教训总结

古典贸易理论基于完全竞争市场、规模收益不变和不存在外部经济性的假定，认为技术条件、要素禀赋和消费者偏好不同导致的国内相对价格差异是产生国际贸易的原因。与古典贸易理论相对应的贸易政策是自由贸

易，而且自由贸易政策是占优策略（Dominant Strategy）。① 基于其假设前提，古典贸易理论的逻辑无懈可击。遗憾的是，依据古典贸易理论很难解释普遍存在的形式各样的贸易保护措施以及GATT（WTO）这样的推动自由贸易的国际组织的出现。问题的根源在于古典贸易理论的前提假设离现实太远，随着产业内贸易现象的大量出现以及产业组织理论的发展，新贸易理论应运而生。新贸易理论的假设前提正是不完全竞争市场、规模收益递增和存在外部经济性，它能够很好地解释产业内贸易现象。新贸易理论在贸易政策领域的体现便是战略性贸易政策理论，它认为贸易保护是占优策略，但会使各国陷入"囚徒困境"的局面，所以战略性贸易政策理论能很好地解释各种贸易保护手段和GATT（WTO）这类国际贸易组织的出现，WTO正是为了避免世界各个国家和地区陷入贸易壁垒高筑的"囚徒困境"局面而出现的国际协调组织。除理论解释上的成功外，战略性贸易政策理论对各国对外贸易政策的实践也产生了深远的影响，各国在贸易政策的实施上都变得积极行动起来了。

日本是实行战略性贸易政策并取得辉煌战果的典型代表。20世纪70年代以来，通过限制进口以促进出口的战略性贸易政策，日本汽车工业、半导体工业和通信电器工业迅速发展起来，并占领了美国等传统出口国的市场。日本实行战略性贸易政策的成功经验有以下两个方面。

（1）遵循循序渐进式的战略性贸易政策实施路径。首先，从战略性贸易政策的实施对象来看，从资本密集型产业开始，等到这些产业取得了良好的发展，具有了较强的竞争力以后，逐渐减少对其保护，然后将保护中心转移到技术密集型产业上来。这反映了保护的暂时性，也保证了保护的渐进性，使得产业升级能够在战略性贸易政策的帮助下按经济规律有序进行。其次，从战略性贸易政策的实施手段上来看，这一手段表现出从"硬扶持"向"软扶持"转变的特征。先是对保护产业给予补贴、退税、低息贷款等资本支持，随后则转到提供产业发展指导、信息服务、组织联合研究上来。这符合产业不同发展阶段的保护需要，也顺应了WTO的规制，

---

① 即使别国实行贸易保护，我国实行自由贸易仍然是最优的。"如果因为其他国家不实行自由贸易，我们也不实行自由贸易，那就好比因为其他国家有多岩石的海岸，我们也必须封锁港口一样。"——一个经济学家世代相传的比喻。

因此取得了良好的效果。

（2）为国内企业提供保护的同时，强化国内竞争。贸易保护带来的温室环境，容易使国内企业丧失不断进取的动力，所以如何在保护的同时强化竞争就变得非常重要。而日本政府在这一点上则做到了良好的平衡。

在日本的强力竞争下，美国也采取了一系列具有战略性贸易政策色彩的保护手段。包括对传统市场和新兴市场采取不同的出口战略，在公平自由贸易的名义下提出了一系列反倾销、反补贴条款。此外，美国一直对军事技术采取政府采购举措，这对民用企业有正向溢出效果。美国还于1984年通过了《国家合作研究法案》（NCRA），放松了关于合作研发的反托拉斯管制，使美国研发领域的合作机会显著增加，对增强美国企业的国际竞争力有重要的作用。美国实施战略性贸易政策也有特殊的国情：完善的金融市场（特别是风险投资体系）、世界第一的基础研究能力和顺畅地将科学进行商业应用的渠道。而发展中国家在这些方面与发达国家的差距还很大，因此发展中国家在实施战略性贸易政策时必定有着不同于美国的研究内容。

与日本和美国相比，法国的战略性贸易政策则带来了较多的教训。由于资本市场不完全，企业厌恶风险，技术相对落后，再加上法国政府追求安全、荣誉等非经济指标，法国的战略性贸易和产业采取的是政府直接介入新兴产业发展的方式，采取了产业国有化、指导性五年计划、将最强的几家企业合并成"国家级冠军"、非关税壁垒和政府采购等措施。但总的来看法国的战略性贸易政策在提高高技术产业竞争力方面并不成功，归纳起来有以下三方面的原因。

（1）战略性贸易政策的实施没有按循序渐进的方式进行，而是采用一步到位的策略。这违背了产业发展、产业升级的规律，难以成功。

（2）为国内企业提供保护的同时，没有强化国内竞争。将最强的几家企业合并成"国家级冠军"后，没有能够与之竞争的市场力量，从而缺乏前进的动力，最终危及产业的国际竞争力。

（3）法国政府对产业扶持和保护时没有注意到要发挥市场的基础性指导作用。法国政府将国家的安全、荣誉等纳入产业政策的目标，而对市场需求的研究则考虑过少；采取一项政策时，没有邀请关注市场状况的私人专家进行协商，导致政策与市场相悖而不是对其进行补充。

综上，通过对日本、美国和法国实行战略性贸易或产业政策的经验教训进行回顾，可以发现，战略性贸易或产业政策要取得成功需要遵循以下三点原则。

（1）战略性贸易或产业政策只是对市场的补充，不能影响市场基础配置作用的发挥。这就要求在实施战略性贸易或产业政策时，让官员、产业代表和学界专家进行充分的协商，以使政府和市场发挥各自的作用。

（2）在为国内企业提供保护的同时，一定要强化国内的产业竞争，否则战略性贸易政策会由于国内企业的不思进取而成效低下。

（3）要根据产业发展和产业升级的客观规律制定循序渐进的战略性贸易政策，做好保护的暂时性和连续性的动态匹配。此外，要根据同一产业的不同发展阶段对保护政策进行动态调整，以与产业发展的需要相适应；按照不同产业的不同发展特征，制定适宜的扶持措施，切忌"一刀切"。

6.5　推动中国实现经济结构动态转型的战略性贸易政策建议

改革开放近40年，我国经济发展取得了巨大的成就；但展望未来，我国也面临着进一步可持续发展的诸多挑战。一方面，可供利用的自然资源在不断减少，环境问题日益严峻；另一方面，我国劳动力成本在不断提高，劳动密集型产业的发展优势正在慢慢被印度、越南等劳动力价格更加低廉的国家所取代。所以，产业升级迫在眉睫。与此同时，如果我国不能在技术创新、高新技术产业的发展上不断积累优势，我国的产业升级便难以实现，这会使我国陷入比较优势"青黄不接"的两难境地。所以，建立创新型国家，转变经济发展方式，推动经济结构动态转型的顺利实现是我国经济实现可持续发展的关键。我国作为一个发展中国家，市场体制仍有许多不健全的地方，此外技术创新和高新技术产业发展过程中一些不同于传统产业的特征使得战略性贸易政策能够起到重要的作用。通过本课题的研究，除了上述三点需要注意的一般原则外，另提出以下几点以自主创新为基础、推动中国比较优势动态升级的战略性贸易政策建议。

（1）我国要根据自身不同于发达国家的发展目标和约束条件，赋予战略性贸易政策不同的实施目的，即要利用战略性贸易政策为我国技术创新能力培育、制造业升级、高新技术产业发展和外贸结构改善创造有利的战略环境。从外部经济理论出发，基于经济结构动态转型的战略性贸易政策与传统的利润转移理论在许多方面差异很大，这对政策实践有着重要的意义。

（2）在经济全球化时代，世界各国存在紧密的经济联系，国际贸易在一国经济中的重要性不断增强，导致贸易政策和产业政策的界限不是那么明显。许多传统的贸易保护手段（如关税、补贴）在 WTO 的国际规制下已不再适用，但很多具有战略性贸易政策效果的产业政策可以突破这一制约，而且符合中国作为一个发展中国家的国情，对于我国自主创新能力的培育和经济发展方式的转型具有重要的理论价值和现实意义。为此，我国政府应该打开思路，利用各种形式的产业政策为提高我国产业的国际竞争优势服务。

（3）我国的战略性研发政策要大力支持那些具有公共品性质、溢出效应大的技术创新项目，特别是产业发展急需的共性基础技术研究，以避免基础研究的"公地悲剧"局面。本课题的研究还认为，官产学联合开展基础研究的组织形式是一种很好的模式，能够在技术扩散、人力资本和委托代理问题间实现良好平衡。应该为技术扩散提供良好的条件，如促进产业空间聚集，打造良好的产学研技术扩散网络等，使技术创新的外溢效应得到充分发挥。

（4）要利用战略性贸易政策手段使发达国家向我国的技术扩散实现最大化。我国可以根据技术引进需要、技术引进渠道选择适宜的战略性贸易政策，从而购买到想要的技术，使技术通过最优的渠道进行扩散以及实现与先进技术载体的研发合作。在这里，战略性贸易政策可能表现为知识产权保护力度的选择，促进国际研发合作的政策和技术引进指导等形式。

（5）我国要实施有利于制造业企业走出国门，从事出口贸易的战略性贸易政策，因为实证研究发现从事出口贸易会激励制造业企业进行技术创新。所以鼓励制造业出口的战略性贸易政策有利于提高我国制造业的国际竞争力。

（6）高新技术产业存在的规模经济、不完全竞争和外部经济特征，使其在发展过程中运用战略性贸易政策变得非常重要。在高新技术产业领域，具有潜在优势的产业不一定能够最终占据国际竞争市场，必须通过政府战略性贸易政策的配合为其发展赢得策略竞争优势方能使潜在优势向现实转化。

（7）产业集中会影响产业自身的规模经济效率、国际议价能力和国内竞争效率，产业的最优集中涉及上述三者间的权衡取舍。我国应该消除地方行政保护，形成全国统一的竞争市场，提高产业集中度，充分利用竞争效率和规模经济效率，提高产业国际竞争力。

（8）在具有规模经济效应、不完全竞争市场和外部经济效应的产业领域，从要素禀赋结构提升到产业结构升级再到贸易结构改善，前者都只是后者的必要条件，而非充分条件。国家的战略性贸易政策可以帮助该国产业获取先动优势，从而对国际贸易的最终格局有着重要的影响。我国要选择好利用战略性贸易政策的领域、时机和力度，为国内企业获取先动优势、积累规模经济、占领国际市场创造良好的条件，以形成于己有利的分工格局，从而改善贸易结构。

6.6　本章小结

贸易结构是内生变量，它受制于一国的要素禀赋结构和产业结构，所以优化贸易结构的政策举措也必须从基础上展开。首先，本章从动态要素禀赋理论和产品生命周期理论出发，对技术创新在推动贸易结构优化中的基础作用进行了分析，结合前文已经研究的战略性贸易政策在促进技术创新中的作用，将战略性贸易政策与贸易结构优化联系了起来。其次，要素禀赋结构升级是贸易结构优化的前提，但前者并非后者的充分条件而只是其必要条件。所以，在已经具备要素禀赋结构基础的条件下，本章接着探讨了战略性贸易政策在获取先动优势，使比较优势实现顺利升级中的作用。最后，在总结了日本、美国和法国实施战略性贸易政策的经验教训以后，在对全书进行回顾的基础上，提出了推动中国实现经济结构动态转型的战略性贸易政策建议，这也是本书的主要结论。本书立足中国作为发展中国家的经济现实和发展使命，提出了适应我国国情的战略性贸易政策框架，为我国创新能力培育、产业发展和贸易结构优化、经济结构动态转型提供了更加符合需要的战略性贸易政策指南。

7 总结与展望

7.1 发展中国家战略性贸易政策的特点总结

与发达国家基于利润转移的战略性贸易政策相比，发展中国家基于经济结构动态转型的战略性贸易政策表现出以下不同特点。

（1）实施目的不同。正如已经论述的，由于经济发展和产业成长处于不同的阶段，发达国家和发展中国家有着各自不同的发展使命，这也就决定了各自实施战略性贸易政策有着截然不同的目的。发达国家的战略性贸易政策基本上与国际商品流动相联系，主要着眼于获取更大的国际市场份额，而高端要素积累、结构升级的考虑相对较少；发展中国家由于高端要素缺乏、产业低端化和国际分工地位低，战略性贸易或产业政策更多与国际要素流动、高端要素积累、经济结构升级相联系，而利用其获取更大市场份额则不是主要目的和迫切任务。战略性贸易政策实施的目的不同是基础性的，决定了其他不同点。考虑到战略性贸易政策在我国的不同实施目的，国内学者基于利润转移视角对战略性贸易政策在我国适用与否的争论都是不相关的，赞同或反对都没有抓住问题的实质。一旦将战略性贸易政策的基本思想与我国产业的成长阶段和发展目标结合起来，基于技术创新、产业发展和比较优势升级的战略性贸易政策研究便在我国有很好的适用领域和广阔的研究前景。

（2）实施手段不同。发达国家传统的基于利润转移的战略性贸易政策，常常直接以贸易政策的形式出现，如进口关税、进口配额、出口补贴、出口信贷、海关管理壁垒、绿色壁垒等；而发展中国家基于技术创新、产业培育、贸易结构升级的战略性贸易政策，其可能间接地以产业政策的形式存在，如基础研究组织模式选择、研发补贴、知识产权保护政策、国际研发合作安排、产业集中度选择、率先注册国际技术产业标准等。

（3）结果不同。发达国家基于利润转移的战略性贸易政策往往表现出国际对抗性，是通过以邻为壑的方式获取利益，所以常常以"囚徒困境"结局；发展中国家基于技术创新、产业发展的战略性贸易政策，从外部经济理论出发，考虑到技术创新的知识溢出效应，对博弈双方是互惠的，不会导致"囚徒困境"的局面，故发展中国家的战略性贸易政策也可以用来抓住与发达国家的合作机遇，为本国的技术学习、产业发展创造良好条件。

（4）政策制定的策略原则不同。完全竞争的国际贸易理论认为自由贸易是占优策略，而基于利润转移的战略性贸易政策理论则认为贸易保护是占优策略，这两种政策制定的策略原则都有一定的片面性和机械性，现实中各国制定贸易政策的原则也与此不符。① 所以，发展中国家基于技术创新、产业发展的战略性贸易政策应该根据经济发展目标和经济约束条件做出更加灵活的安排，既可以是贸易保护，也可以是自由贸易，以吸收上述两种策略原则的优点，实现福利最大化。要善于竞争，更要学会合作，这才是博弈的艺术所在。比如，当某种发展中国家所需的国外技术是以产品贸易渠道进行扩散时，发展中国家就可以利用战略性贸易政策手段增加该产品的进口，以加快技术学习的步伐。

虽然发展中国家的战略性贸易政策与发达国家相比有上述诸多不同，但其研究思想——对贸易政策国际互动进行博弈论分析，政企联合对国际贸易策略地位的影响——与肇始于美国的战略性贸易政策理论仍是一脉相承的，只是根据国情差异对研究内容进行了调整；由于历史上日本、法国的战略性贸易政策实践，在国情背景和实施目的上与我国当下接近，所以

---

① 国家间一次性的战略性贸易政策对抗往往导致"囚徒困境"的结局，但当贸易政策博弈重复进行时，阿克希尔罗德（Robert Axelrod，1983）的博弈模拟实验表明，最优的战略是"以牙还牙"，这一战略引导博弈双方走出"囚徒困境"，实现合作。"以牙还牙"战略之所以表现优异就在于它简单明了但不僵化，鼓励合作但不放弃惩罚而且给对方以明确的预期。现实中的贸易政策博弈都是多阶段重复博弈，故"以牙还牙"可能更符合现实。

123

日本和法国的战略性贸易政策实践的历史经验和教训对中国而言具有较大的借鉴意义。

7.2 未来研究方向

本课题介于纯理论研究和纯应用研究之间，旨在提出符合发展中国家需要的战略性贸易政策理论、实证和建议，这是一项很大的课题，涉及发展经济学、国际贸易理论、内生增长理论、博弈论、产业经济学等多门经济学分支学科，本书只是在这一领域进行了初步的探讨，展望未来，还有许多需要进一步研究的问题。

（1）在理论上，本书只是将战略性贸易政策与内生技术进步理论相结合，构建了基于技术创新的战略性贸易政策理论模型，而对战略性贸易政策推动经济结构动态转型只是给出了一个概念性框架。未来的研究可以将战略性贸易政策理论与内生技术进步理论、动态比较优势理论相结合构建出一个更加正式的一体化理论。在战略性贸易政策与获取南北技术扩散、占据先动优势、影响贸易格局的关系方面，也可以构建更加规范的数理模型。

（2）在实证上，可以利用微观计量经济学的方法对政府政策与技术创新、产业发展和贸易结构改善间的关系进行更加细致、全面的考察，以结合理论分析得出更加具有针对性的政策建议。

（3）在案例研究上，还可以对本书分析过的日本、法国、美国等国实施战略性贸易政策的经验教训进行更加全面的考察总结；此外，还可以对我国台湾、韩国等国家和地区的战略性贸易政策实践经验进行总结，从而为我国的战略性贸易政策提供更全面的可资借鉴的经验。

（4）在政策建议上，可以根据不同产业领域的不同发展特点和发展阶段，对战略性贸易政策手段的表现形式进行更加广泛、细致的探讨，以使战略性贸易政策的实施与产业发展实现动态匹配。发展中国家也有一些发展较为成熟、具有国际竞争优势的产业，对于这些产业，已有的肇始于发达国家的战略性贸易政策理论都可以用于指导我国贸易、产业政策的实施，以在国际竞争中获取先动优势、规模收益和外部经济等，对此的研究已经较为全面，不再赘述。本书关注发展中国家普遍存在的创新能力薄弱、贸易产业结构低端的问题，对适用于这类产业的战略性贸易政策进行了较为系统的研究。由于针对这两类产业的战略性贸易政策在诸多方面差异很大，所以在政策运作中要首先区分产业类型，然后有针对性地实施不同的战略性贸易政策。

参考文献

[1] Aditya Bhattacharjea, "Strategic Thade Policy and Developing Countries," *Economic and Political Weekly* 28 (1803): 35.

[2] B. Aitken & A. Harrison, "Do Domestic Firms Benefit from Direct Foreign Investment Evidence from Venezuela," *American Economic Review* 89 (1999): 605.

[3] Alireza Naghavi, "Strategic Intellectual Property Rights Policy and North-South Technology Transfer," *Review of World Economics* 143 (2007): 55.

[4] M. Ando & F. Kimura, "Fragmentation in East Asia: Further Evidence," *ERIA Discussion Paper Series*, 2009.

[5] Ari Kokko, Ruben Tansini & Mario C. Zejan, "Technological Capability and Productivity Spillovers from FDI in the Uruguayan Manufacturing Sector," *Journal of Development Studies* 32 (1996) : 602.

[6] B. J. Spencer & J. A. Brander, "International R&D Rivalry and Industrial strategy," *Review of Economic Studies* 50 (1983): 707 – 722.

[7] K. Bagwell & R. W. Staiger, "The Sensitivity of Strategic & Corrective R&D Policy in Oligopolistic Industries," *Journal of International Economics* 36 (1994): 133 – 150.

[8] L. Brainard & D. Martimort, "Strategic Trade Policy with Incompletely Informed Policymakers," *NBER Working Paper*: 4069.

[9] J. A. Brander & B. J. Spencer, "Tariff Protection and Imperfect Competition" in H. Kierzkow-sk, eds. , *Monopolistic Competition and International Trade* (Oxford: Clarendon Press, 1984).

[10] J. A. Brander & B. J. Spencer, "Export Subsidies and Market Share Rival-

ry," *Journal of International Economics* 18 (1985): 83.

[11] J. A. Brander & B. J. Spencer, "Tariffs and the Extraction of Foreign Mo-
nopoly Rents under Potential Entry," *Canadian Journal of Economics* 14
(1981): 371.

[12] J. A. Brander, "Strategic Trade Policy" *Handbook of International Eco-
nomics*, VolumeIII (1995): 1395.

[13] M. Callon, "Is Science a Public Good," *Science, Technology and Hu-
man Values*19 (1994): 345.

[14] J. A. Cantwell, *Technological Innovation and Multinational Corporations*
(Oxford: Basil Blackwell, 1989).

[15] Cohen & Levinthal, "Innovation and Learning: The two Faces of R&D,"
The Economic Journal 99 (1989): 569.

[16] D. Collie, "Profit-Shifting Export Subsidies and the Sustainability of Free
Trade," *Scottish Journal of Political Economy* 40 (1993): 408.

[17] D. Collie, "Export subsidies and countervailing Tarrifs," *Journal of In-
ternational Economics* 31 (1991): 309.

[18] D. Collie & M. Hviid, "Export Subsidies as Signals of Competiveness,"
Scandanavian Journal of Economics 95 (1993): 327.

[19] David DeCarlo, "Industrial Policy as Strategic Trade Policy in a Global E-
conomy," *Undergraduate Economic Review* 3 (2007): 1.

[20] David Ulph & L. Alan Winters, *Strategic Manpower Policy and Interna-
tional Trade in Empirical Studies of Strategic Trade Policy* (Chicago, llli-
nois: University of Chicago Press, 1994).

[21] C. Davidson, "Cartel Stability and Trade Policy," *Journal of Internation-
al Economics* 17 (1984): 219.

[22] D. DeCarlo, "Industrial Policy as Strategic Trade Policy in a Global Econ-
omy," *Undergraduate Economic Review* 3 (2007): 1.

[23] Dennis C. Mueller, "First-mover Advantages and Path Dependence," *In-
ternational Journal of Industrial Organization* 15 (1997): 827.

[24] A. K. Dixit & J. E. Stiglitz, "Monopolistic Competition and Optimum Prod-
uct Diversity," *American Economic Review* 67 (1977): 297.

[25] A. K. Dixit & G. M. Grossman, "Targeted Export Promotion with Several Oligopolistic Industries," *Journal of International Economics* 21 (1986): 233.

[26] I. Eaton & G. M. Gmssman, "Optimal Trade and Industrial Policy Underoligopoly," *Quarterly Journal of Economics* 101 (1986): 383.

[27] Eiji Horiuchi & Jota Ishikawa, "Tariffs and Technology Transfer through an Intermediate Product," *Review of International Economics* 16 (2009): 310.

[28] W. J. Ethier, "National and International Returns to Scale in the Modern Theory 7of International Trade," *American Economic Review* 72 (1982): 389.

[29] J. E. Ettlie, "R&D and Glaobal Manufacturing Performance," *Management Science* 44 (1998): 1.

[30] Fredrik Sjöholm, "Productivity Growth in Indonesia: The Role of Regional Characteristics and Direct Foreign Investment," *Economic Development and Cultural Change* 47 (1999): 559.

[31] Z. Griliches, "Issues in Assessing the Contribution of R&D to Productivity Growth," *Bell Journal of Economics* 10 (1979): 92 .

[32] G. Grossman & E. Helpman, *Innovation and Growth in The World Economy.* (Cambridge: MIT Press, 1991).

[33] H. K. Gruenspecht, "Export Subsidies for Differentiated Products," *Journal ofInternational Economics* 24 (1988): 881.

[34] V. Haksar, "Externality, Growth and Technology Transfer: Applications to the Indian Manufacturing Sector, 1975 – 1990," *International Monetary Fund*, memeo.

[35] E. Helpman & P. Krngman, *Trade Policy and Market Structure* (Cambridge, MA: MIT Press, 1989).

[36] S. Hirsch, "The US Electronics Industry in International Trade," *NationalInstitute Economic Review* 34 (1965).

[37] I. J. Horstmann & J. R. Markusen, "Up the Average Cost Curve: Inefficient Entry and the New Protectionism," *Journal of International* 20 (1986): 225.

[38] C. Imbriani & F. Reganati, "International Efficiency Spillovers into the I-

talian manufacturing sector," *International Economics* 50 （1997）: 583.

［39］ J. A. Brander, "Strategic trade policy," in Grossman and Rogoff eds. , *Handbook of International Economics*, Vol. III, （1995）: 1395 – 1450.

［40］ J. Peter Neary & Dermot Leahy, "Strategic Trade and Industrial Policy towards Dynamic Oligopolies," *The Economic Journal*, （2000）: 484.

［41］ J. Peter Neary, "R&D In Developing Countries: What Should Governments Do?" （Presented at the World Bank Conference on Development Economics, Paris, June1999 ）: 21 – 23.

［42］ J. Spencer & Ilan Vertinsky, "Strategic Trade Policy with Endogenous Choice of Quality and Asymmetric Costs," *Journal of International Economics* 56 （2002）: 250.

［43］ Jaerang Lee & Kar-yiu Wong, *Vertical Integration and Strategic Trade Policies.*

［44］ A. B. Jaffe, "Real effects of Academic Research," *American Economic Review* 79 （1989）: 957 .

［45］ Jagdish Bhagwati, *Free Trade Today* （Princeton, New Jersey: Princeton Univercity Press, 2002）.

［46］ James & A. Brander, *Strategic Trade Policy* （North Holland: North Holland Press, 1995）.

［47］ Jan Haaland & Hans Jarle Kind, "Cooperative and Non-Cooperative R&D Policy in an Economic Union," *Review of World Economics* 142 （2006）.

［48］ I. Jan Haaland & Hans Jarle Kind, "R&D Policies, Trade and Process Innovation," *Journal of International Economics* 74 （2008）: 170.

［49］ Jee-Hyeong Park, "Strategic R&D Policy under Vertically Differentiated Oligopoly," *Canadian Journal of Economics* 34 （2001）: 967.

［50］ N. Jinji, "Strategic Policy for Product R&D with Symmetric Costs," *Canadian Journal of Economics* 36 （2003）: 993 – 1006.

［51］ R. W. Jones & H. Kierzkowski, "International Fragmentation and the New Economic Geography," *The North American Journal of Economics and Finance* 16 （2005）: 1 – 10.

［52］ R. W. Jones & H. Kierzkowski, "International Trade and Agglomeration:

an Alternative Framework," *Journal of Economics* 10 (2005): 1 – 16.

[53] R. W. Jones & H. Kierzkowski, "The Role of Services in Production and International Trade: A Theoretical Framework," R. W. Jones & A. O. Krueger, *The Political Economy of International Trade* (Oxford: Basil Blackwell): 1990.

[54] O. Jones & M. Craven, "Expanding Capabilities in a Mature Manufacturing Firm: Absorptive Capacity and the TCS," *International Small Business Journal* 19 (2001): 39.

[55] Jota Ishikawa & Eiji Horiuchi, "Strategic Technology Transfer through FDI in Vertically Related Markets," *COE/RES Discussion Paper Series* (2008).

[56] Julie Carlson, "Cooperative R&D and Strategic Trade Policy with Bertrand Competition," *Review of International Economics* 16 (2008): 355.

[57] Julie DeCourcy, "Cooperative R&D and Strategic Trade Policy," *The Canadian Journal of Economics* 38 (2005): 546.

[58] K. Bagwell & R. W. Staiger, "The Sensitivity of Strategic & Corrective R&D Policy in Oligopolistic Industries," *Journal of International Economics* 36 (1994): 133.

[59] K. J. Arrow, "Economic Welfare and Allocation of Resources for Invention. ," in R. R. Nelson, *The Rate and Direction of Inventive Activity* (Princeton, New Jersey: Princeton University Press, 1962): 609, 625.

[60] Kaz Miyagiwa & Yuka Ohnob, "Strategic R&D policy and Appropriability," *Journal of International Economics* 42 (1997): 125.

[61] F. Kimura & M. Ando, "Two-dimensional Fragmentation in East Asia: Conceptual Framework and Empirics," *International Review of Economics & Finance*, 14 (2005): 317 – 348.

[62] Konrad Seitz, "Do We Need a Strategic High Technology Policy: The Case for a Federal Government High Technology Policy," *Intereconomic* 27 (1992): 103.

[63] P. R. Krugman, "Import Protection as Export Promotion: International Competition in the Presence of Oligopoly and Economies of Scale," in H. Kierzkowsk eds. , *Monopolistic Competition and International Trade*

(Oxford: Clarendon Press, 1984).

[64] G. Lee Branstetter, "Are Knowledge Spillovers International or Intranational in Scope? Microeconometric Evidence from the U. S. and Japan," *Journal of International Economies* 53 (2001): 53.

[65] D. P. MacKinnon, G. Warsi & J. H. Dwyer, "A Simulation Study of Mediated Effect Measures," *Multivariate Behavioral Research* 30 (1995): 41.

[66] D. P. MacKinnon et al., "A Comparison of Methods to Test Mediation and Other Intervening Variable Effects," *Psychological Methods* 7 (2002): 83.

[67] L. D. Marinescu, "Innovation and Globalization of Manufacturing," *International Journal of Industrial Engineering* 5 (2000): 244.

[68] Massimo Motta, "Research Joint Ventures in an International Economy," *Ricerche Economiche* 50 (1996) : 293.

[69] J. Melitz, "The Impact of Trade on Intra-industry Reallocations and Aggregate Industry Productivity," *Nber Working Paper* 8881 (2002).

[70] Naoto Jinji, "Strategic Policy for Product R&D with Symmetric Costs, " *Canadian Journal of Economics* 36 (2003): 993.

[71] J. P. Neary, "Cost Asymmetries in International Subsidy Games: Should Governments Help Winners or Losers?" 37 (1994): 197.

[72] R. R. Nelson, "The Simple Economics of Basic Scientific Research," *Journal of Political Economy* 67 (1959): 297.

[73] Park & Jee-Hyeong, "Strategic R&D Policy under Vertically Differentiated Oligopoly," *Canadian Journal of Economics* 34 (2001): 967.

[74] Paul Krugman, *Strategic Trade Policy and the New International Economics* (Cambridge: MIT Press, 1986).

[75] Pauline Rutsaert, "To Promote R&D Cooperation: A Strategic Trade Policy?" *Merit Research Memorandum* 2 (1994) : 94.

[76] K. Pavitt, "Public Policies to Support Basic Research: What Can the Rest of the World Learn from US Theory and Practice (and What They Should Not Learn)," *Industrial and Corporate Change* 10 (2001): 761.

[77] M. Posner, "International Trade and Technical Change," *Oxford Economic Papers* 3 (1961): 323.

[78] L. D. Qiu, "Optimal Strategic Trade Policyunder Asymmetric Information," *Journal of International Economics* 36 (1994): 333.

[79] Rachel Griffith, Stephen Redding & John Van Reenen, "Mapping the Two Faces of R&D: Productivity Growth in a Panel of OECD Industries," *The Review of Economics and Statistics* 86 (2004): 883.

[80] Rigas Aranitis & Nicholas S. Vonortas, "Technology Transfer and Learning Through Strategic Technical Alliances International Experiences: Introduction to the Symposium," *International Journal of Industrial Organization* 15 (1997): 827.

[81] P. M. Romer, "Endogenous Technological Change," *Journal of Political Economy* 98 (1990): S71.

[82] P. M. Romer, "Growth Based on Increasing Returns Due to Specialization," *American Economic Review* 77 (1987): 56.

[83] J. Rotemberg & G. Saloner, "Tariffs vs Quotas with Implicit Collusion," *Canadian Journal of Economics* 22 (1989): 237.

[84] Sharmila Vishwasrao, Srabana Gupta & Hassan Benchekroun, "Optimum Tariffs and Patent Length in a Model of North-South Technology Transfer," *International Review of Economics and Finance* 16 (2007): 1.

[85] M. E. Sobel, "Asymptotic Confidence Intervals for Indirect Effects in Structural Equation Models," in S. Leinhardt, *Sociological Methodology* (Washington, DC, 1982): 1290 – 1312.

[86] M. E. Sobel, "Direct and Indirect Effects in Linear Structural Equation Models," in J. S. Long, *Common Problems/Proper Solutions* (Beverly Hills, CA: Sage, 1988): 146 – 164.

[87] M. Spence, "Product Selection, Fixed Costs, and Monopolistic Competition," *Review of Economic Studies* 43 (1976): 217.

[88] B. J. Spencer & J. A. Brander, "International R&D Rivalry and Industrial Strategy," *Review of Economic Studies* 50 (1983): 707.

[89] Spencer, Barbara & James A. Brander, Strategic Trade Policy [EB/OL]. Palgrave Macmillan, 2008. http://strategy. sauder. ubc. ca/spencer/strategic%20trade%20 – %20Palgrave. pdf.

［90］ Steven Globerman，"Foreign Direct Investment and 'Spillover' Efficiency Benefits in Canadian Manufacturing Industries," *The Canadian Journal of Economics* 12（1979）：42.

［91］ *The Economic Gains from Trade：Theories of Strategic Trade*，Harvard Business School.

［92］ Tsuyoshi Toshimitsu，Naoto Jinji，"A Note on Strategic Trade Policy and Endogenous Quality Choice," *Review of International Economics* 16（2008）：173.

［93］ V. Vernon，"International Investment and International Trade in The Product Cycle," *Quarterly Journal of Economics* 2（1966）：190.

［94］ M. Wesley Cohen & A. Daniel，"Levinthal. Absorptive Capacity：a New Perspective on Learning and Innovation," *Administrative Science Quarterly* 35（1990）：128.

［95］ Wolf Gang Keller，"Knowledge Spillovers at the World's Technology Frontier," *Cerp Discussion Papers*（2001）：2815.

［96］ K-y Wong，*Incentive Compatible Immiserizing Export Subsidies. mimeo.*

［97］ Zhou Dongsheng et al.，"Strategic Trade Policy with Endogenous Choice of Quality and a symmetric costs," *Journal of International Economics* 56（2002）：205.

［98］ 保罗·克鲁格曼：《战略性贸易政策与新国际经济学》，海闻等译，中信出版社，2010。

［99］ 楚尔鸣、李勇辉：《高新技术产业经济学》，中国经济出版社，2005。

［100］ 大卫·格林纳韦：《国际贸易前沿问题》，中国税务出版社，2000。

［101］ 樊琦、韩民春：《我国政府 R&D 投入、市场竞争与自主创新关系研究》，《中国科技论坛》2011 年第 3 期。

［102］ 菲利普·阿吉翁、彼得·霍依特：《内生增长理论》，北京大学出版社，2004。

［103］ 甘道尔夫：《国际贸易理论与政策》，上海财经大学出版社，2005。

［104］ 高铁梅：《计量经济分析方法与建模：EViews 应用及实例》（第 2 版），清华大学出版社，2009。

［105］ 高炜宇、谢识予：《高等计量经济学》，高等教育出版社，2002。

[106] 戈登·图洛克:《特权和寻租的经济学》,上海人民出版社,2007。

[107] 格罗斯曼、赫尔普曼:《全球经济中的创新与增长北京》,中国人民大学出版社,2009。

[108] 古扎拉蒂:《计量经济学基础》,费剑平译,中国人民大学出版社,2004。

[109] 郭国峰、温军伟、孙保营:《技术创新能力的影响因素分析》,《数量经济技术经济研究》2007年第9期。

[110] 韩军:《战略性贸易政策的二种不同取向——对"利润转移理论"和"外部经济理论"的比较》,《北京工商大学学报》(社会科学版)2001年第6期。

[111] 韩民春、樊琦:《战略性R&D补贴、自主创新与我国汽车产业结构优化研究》,《科技进步与对策》2010年第3期。

[112] 胡昭玲:《战略性贸易政策的理论与实证——兼论在中国相关产业的适用性问题》,南开大学出版社,2002。

[113] 胡昭玲:《战略性贸易政策及其适用条件评述》,《南开经济研究》2002年第3期。

[114] 胡昭玲:《战略性贸易政策应用于中国轿车行业的经验分析》,《世界经济》2000年第9期。

[115] 卡布罗:《产业组织导论》,人民邮电出版社,2002。

[116] 李辉文:《现代比较优势理论的动态性质——兼评"比较优势陷阱"》,《经济评论》2004年第1期。

[117] 李京文、黄鲁成:《关于我国制造业创新战略的思考》,《中国软科学》2003年第1期。

[118] 李军:《国际技术扩散的路径和方式》,《世界经济》2006年第9期。

[119] 李坤望:《国际经济学》(第3版),高等教育出版社,2010。

[120] 李平:《国际技术扩散的路径和方式》,《世界经济》2006年第9期。

[121] 李平:《论国际贸易与技术创新的关系》,《世界经济研究》2002年第5期。

[122] 李荣林:《动态国际贸易理论研究》,中国经济出版社,2000。

[123] 李小平、卢现详、朱钟棣:《国际贸易、技术进步和中国工业行业

的生产率增长》,《经济学季刊》2008 年第 2 期。

[124] 林毅夫、孙希芳:《经济发展的比较优势战略理论》,《国际经济评论》2003 年第 6 期。

[125] 林毅夫:《中国经济专题》,北京大学出版社,2008。

[126] 刘伟丽:《战略性贸易政策理论研究》,浙江大学出版社,2006。

[127] 柳卸林、何郁冰:《基础研究是中国产业核心技术创新的源泉》,《中国软科学》2011 年第 4 期。

[128] 罗伯特·巴罗、夏威尔·萨拉-伊-马丁:《经济增长》(第 2 版),夏俊译,格致出版社,2010。

[129] 罗勇、曹丽莉:《中国制造业集聚程度变动趋势实证研究》,《经济研究》2005 年第 8 期。

[130] 马歇尔:《经济学原理》(上卷),朱志泰译,商务印书馆,2009。

[131] 迈克尔·波特:《国家竞争优势》,李明轩等译,华夏出版社,2002。

[132] 牛君、韩民春:《自主创新与战略性自主创新政策》,《当代经济》2007 年第 2 期。

[133] 彭耿、刘芳:《产业集聚度测量研究综述》,《技术与创新管理》2010 年第 2 期。

[134] 任重、张淑艳:《战略性贸易政策理论的新发展——对徐丽华、冯宗宪一文的补充》,《国际贸易问题》2008 年第 7 期。

[135] 涂志勇:《博弈论》,北京大学出版社,2009。

[136] 王国峰:《我国高技术产业发展现状、问题及其发展思路》,《中国科技论坛》2005 年第 5 期。

[137] 温忠麟:《调节效应与中介效应的比较和应用》,《心理学报》2005 年第 2 期。

[138] 温忠麟:《有中介的调节变量和有调节的中介变量》,《心理学报》2006 年第 3 期。

[139] 温忠麟:《中介效应检验程序及其应用》,《心理学报》2004 年第 5 期。

[140] 夏申:《论战略性贸易政策》,《国际贸易问题》1995 年第 8 期。

[141] 谢识予:《经济博弈论》,复旦大学出版社,2010。

[142] 邢斐等:《我国公共研发政策实施的有效性考察》,《中国科技论

坛》2009 年第 2 期。

[143] 徐丽华、冯宗宪：《战略性贸易政策理论研究最新进展》，《国际贸易问题》2007 年第 4 期。

[144] 许统生：《我国汽车工业的最优战略贸易政策分析》，《当代财经》2003 年第 10 期。

[145] 于晓媛、陈柳钦：《产业集群、技术创新和技术创新扩散》，《山西财经大学学报》2007 年第 12 期。

[146] 余道先、刘海云：《战略性贸易政策与我国自主创新的发展战略》，《国际经贸探索》2007 年第 7 期。

[147] 约翰·麦克米伦：《国际经济学中的博弈论》，北京大学出版社，2004。

[148] 张华胜：《中国制造业技术创新能力分析》，《中国软科学》2006 年第 4 期。

[149] 张龙、刘洪：《企业吸收能力影响因素研究述评》，《生产力研究》2003 年第 3 期。

[150] 张培刚、张建华：《发展经济学》，北京大学出版社，2009。

[151] 朱平芳、徐伟民：《上海市大中型工业行业专利产出滞后机制研究》，《数量经济技术经济研究》2005 年第 9 期。

[152] 朱平芳、徐伟民：《政府的科技激励政策对大中型工业企业 R&D 投入及其专利产出的影响——上海市的实证研究》，《经济研究》2003 年第 6 期。

后　记

　　本书是在我博士论文的基础上加工整理而成的，所以在这篇后记里，我想感谢在我求学生涯中给予帮助的诸多师友。从 2008 年 8 月来到树木葱郁的华中科技大学后，我在喻园度过了四年的时光。虽然在苦闷、纠结的时候也曾觉得时间过得太慢，在开心、惬意的时候也想多停留片刻。但每当一个阶段终了时回首，唯一的感觉还是时光飞逝。时光是不可逆的，她不会等候任何人，所以遗憾这种情感唯一的积极意义就是让人珍惜未来的岁月，走好脚下的路。仔细盘点这四年的学业和生活，积累了一些知识，也收获了很多快乐，虽然可以圈点的业绩乏善可陈，这归因于我的天资愚钝和不够努力，但也不能磨灭诸多师友和同学的帮助。

　　在喻园的四年里，能得到恩师韩民春教授的悉心指导是一种莫大的幸运。韩老师重视现实意义但强调理论论证的治学精神、入世但不世俗的生活态度，以及为人宽和但不失原则的人格魅力都深深地影响了我，使我受益良多；博士论文从确定选题、厘定框架到每一章的撰写，都得到了韩老师的多次指导。在进行理论分析和实证研究的过程中，韩老师总是为我创造展开研究的便利条件，让我有机会参加学术会议、进行实地调研、掌握许多一手资料。韩老师不仅是学业上的良师，也是生活中的益友。对于我在生活中、找工作中遇到的困难，韩老师总是给予热心的帮助和良好的建议，为我的成长提供了许多无私的帮助。韩老师热爱运动，羽毛球打得尤其出色，虽然至今他杀过来的球我仍然接不住几个，但热爱运动、坚持锻炼的习惯得以培养。在此书出版之际向韩老师致以深挚的感谢！

　　在华中科技大学经济学院求学的过程中，经济学院的王少平教授、杨继生教授、徐长生教授、张卫东教授、方齐云教授、张建华教授等开设的多门博士生课程为本书的研究打下了良好的基础，特此向以上诸位学识渊博、认真敬业的老师表示衷心感谢。生长在校园里和喻家山上的大片森林，使我的学习和生活有良好的环境，也让诸多同学得以缘聚于此。睿智、热心的李恒教授、彭文慧副教授、郑展鹏副教授在学习、生活和工作中给予我的无私帮助，令我十分感动；与朱满洲、王彪、邓伟、蒋冰冰、左秀霞、孙晓涛、陈普、史朝阳、郭国强、蔡宇飞、张丽娜、刘甲炎等博士同学在学习、生活上的相互交流，让我得以积累知识、收获快乐，非常感谢你们！最后但绝非最不重要的，感谢父母在我20年求学生涯里的呕心沥血，他们的勤劳善良和不屈不挠不仅给我以物质上的支持，更赋予我奋发向上的精神动力。感谢岳父岳母的任劳任怨、妻子胡宁的守候以及灵动可爱的小鹿宝贝。家是温暖的港湾，更是我不断走向远方的动力！

卢卡斯曾说："经济增长问题是如此令人着迷，一旦经济学家开始思考它，他们将几乎无暇他顾。"本书也属于探索转型增长驱动机制的范畴，但由于水平有限，其远非佳作，不足以献给任何人，而只是一个不知道能否成为雕塑家的人接触泥巴的开始。面对丰满的理想与骨感的现实，每个人都会觉得无奈，当本想修造摩天大楼到头来只看到一座茅草屋的时候，遗憾也是难免的。但正如韦伯所言："人们必须一再为不可能的东西而奋斗，否则他就不可能达到可能的东西。"所以理想还是要有的，但同时也应该从过往的路途中总结一些智慧，以便为未来提供一些指引，立足此岸，寻找到更好的桥和更适合的彼岸！

曹玉平

2012年5月写于喻园

2017年9月改于北外

图书在版编目（CIP）数据

中国战略性贸易政策研究：基于经济结构动态转型
的视角／曹玉平著. -- 北京：社会科学文献出版社，
2017.10

（河南大学经济学学术文库）

ISBN 978 - 7 - 5201 - 1261 - 1

Ⅰ.①中… Ⅱ.①曹… Ⅲ.①战略性贸易政策 - 研究
- 中国 Ⅳ.①F720

中国版本图书馆 CIP 数据核字（2017）第 202403 号

·河南大学经济学学术文库·

中国战略性贸易政策研究

——基于经济结构动态转型的视角

著　者／曹玉平

出 版 人／谢寿光
项目统筹／恽　薇　陈凤玲
责任编辑／王婧怡　刘　翠

出　　版／社会科学文献出版社·经济与管理分社（010）59367226
　　　　　地址：北京市北三环中路甲 29 号院华龙大厦　邮编：100029
　　　　　网址：www.ssap.com.cn
发　　行／市场营销中心（010）59367081　59367018
印　　装／北京季蜂印刷有限公司

规　　格／开　本：787mm×1092mm　1/16
　　　　　印　张：9.75　字　数：157 千字
版　　次／2017 年 10 月第 1 版　2017 年 10 月第 1 次印刷
书　　号／ISBN 978 - 7 - 5201 - 1261 - 1
定　　价／69.00 元